Fe que mueve montañas

Edición en inglés:
Karen Lattea, ed. (Maryknoll: Orbis Books) 1996.

Traducido por Edward Harry Horne

Editores del español:
Gloria y Ross Kinsler, Elisabeth Cook,
Karoline Mora, Ruth Mooney

Universidad Bíblica Latinoamericana
Editorial SEBILA
Departamento de Publicaciones

Diagramación/Portada
Damaris Álvarez Siézar

Fotografía de portada
Daniel Gloor

San José, Costa Rica

ISBN: 978-9977-958--63-7

Universidad Bíblica Latinoamericana
Apdo 901-1000
San José, Costa Rica
Tel.: 2283-8848 / 2283-4498
Fax: 2283-6826
ubila@ice.co.cr
www.ubila.net

Fe que mueve montañas

El discipulado en el Evangelio de Marcos

Ched Myers

Colaboradores:
Marie Dennis,
Joseph Nangle OFM,
Cynthia Moe-Lobeda
y Stuart Taylor

Les aseguro que si alguno le dice a este monte. "Quítate de ahí y tírate al mar", sin vacilar en el razonar de su corazón, sino creyendo que lo que dice sucederá, lo obtendrá.

Marcos 11.23 [NVI y traductor]

Nota del traductor:

Como profesor que da clases en Perú, constantemente estoy buscando materiales para los y las estudiantes. Quiero hacer disponible este libro en español porque trata dimensiones sociales y simbólicas que necesitamos entender para interpretar plenamente el libro de Marcos. El mismo no pretende ser un comentario completo. Más bien, recupera la manera en que Marcos recuerda la lucha de Jesús con los sistemas simbólicos que servían de base ideológica para la dominación en su contexto socio-histórico. Espero que sirva para recuperar estas dimensiones en la práctica exegética, y así profundizar y ampliar la interpretación del evangelio de Marcos.

En la traducción hemos insertado algunas referencias bibliográficas que no están en el original en inglés con el fin de que los y las lectoras en Latinoamérica puedan dar seguimiento a los temas tratados Las citas bíblicas son principalmente de la Nueva Versión Internacional, pero cuando ésta no conlleva el aspecto preciso que los autores quieren resaltar, se utiliza una traducción del griego hecha por el traductor. Por lo general, la traducción se basa en palabras y sus significados que se encuentran en el Diccionario de la Lengua Española de la Real Academia Española.

Esta traducción puede ser adecuada a las distintas regiones de América Latina, o para hacerla más accesible a los y las lectores, siempre y cuando se consulte el original en inglés antes de hacer un cambio que pueda alterar las connotaciones de una palabra.

Edward Harry Horne

Contenido

Prefacio

Me complace sobremanera, después de mucha colaboración durante el lapso de varios años, que esta edición de *Say to This Mountain* esté disponible en español. En los más de 15 años desde su publicación en inglés por Orbis Books (1996), esta guía popular al Evangelio de Marcos ha sido utilizado por un sinfín de iglesias y grupos sociales alrededor de Norteamérica. Aunque el comentario más amplio sobre el cual está basado fue traducido al portugués (*O Evangelho de Sao Marcos, Grande Comentario Biblico series,* Sao Paulo:Edicoes Paulinas, 1992), esta es la primera vez que este material aparece en español y ¡ya era hora!

Años después de concluir el proceso colectivo que llevó a la publicación de *Say to This Mountain,* pasé un sabático en Costa Rica estudiando español. Fui hospedado por Ross y Gloria Kinsler en la UBL y vi a primera mano cómo esa universidad capacita y nutre liderazgo eclesial comprometido en toda América Latina. Por esa razón estoy contento y agradecido a la UBL por haber decidido publicar y distribuir esta edición, un sentir que comparten mis co-autores.

Esta traducción, al igual que el libro original (del cual un 60% está representado en este volumen) ha sido la obra de muchas manos. Edward "Harry" Horne, un trabajador en misión presbiteriano en Perú, no sólo propuso y promovió la traducción del libro al español, sino que completó el borrador original —un trabajo formidable por el cual estoy muy agradecido. Ross y Gloria Kinsler (ya jubilados aquí en California) y varios colegas en la UBL bajo la coordinación de Ruth Mooney pulieron el borrador de Horne hasta llegar al libro actual.

Escribo estas palabras en el 10° aniversario del comienzo de la segunda invasión estadounidense a Iraq. Nuestro mundo sigue gimiendo bajo las crisis violentas e interconectadas de la pobreza, la guerra, la injusticia y el agotamiento ecológico. Mi oración es que este modesto recurso contribuya para animar y apoyar el testimonio profético de cristianos latinoamericanos en nuestra lucha común y continua por proclamar y encarnar la Comunidad Amada de Dios.

Ched Myers

20 de marzo de 2013,
Oak View, CA

Presentación

Ched, Marie, Joseph, Cynthia y Stuart han escrito este libro comunitariamente. Lo han hecho con dedicación, pasión y con un gran deseo de que los y las lectoras no solo lo lean sino que lo estudien con pasión y compromiso. El libro requiere ser leído personal y comunitariamente porque indirectamente, desde el principio al fin, hace un llamado al compromiso solidario con los más pobres y contra las estructuras que producen la pobreza, la discriminación y la desigualdad social. No puede ser de otra manera porque la historia real del discipulado en Marcos está llena de desafíos proféticos, imposible de evadir para quien se dice ser cristiano.

Que quede claro que no se trata de un discurso panfletario, superficial contra los opresores. De eso ya muchas estamos cansadas. Hay un trabajo académico muy serio detrás de cada afirmación, que invita a vivir como verdaderos cristianos y cristianas. No es para menos, pues el espíritu del libro de Ched Myers sobre Marcos está detrás, un libro escrito hace más de 20 años, que ha influenciado tanto los estudios del evangelio de Marcos, incluyéndome a mí.

El punto de partida de cada una de las 5 secciones del libro es la experiencia de la vida, presentada como meditación. Se trata de un espacio vivencial que convoca la oración, el arrepentimiento y el compromiso. Es la preparación para entrar a las 25 unidades que conforman las 5 secciones. La primera meditación es impactante: nos lleva al holocausto Rabinal, un cementerio de tantos niños y mujeres asesinados durante la dictadura de Guatemala. Un cementerio que sirve para el encuentro con Dios, donde todas las emociones y pensamientos son revolcados ante la presencia del Dios escondido entre las inocentes asesinadas.

Todos los capítulos están narrados de forma dinámica y muy viva. La narración es atractiva y rápida; la articulación entre el discurso bíblico y los datos histórico-culturales del primer siglo que lo explican, lo engancha a uno de tal manera que uno no quiere dejar la lectura. Cada frase tiene una explicación socio-cultural, por eso, a partir de la narración marcana se da un constante ir y venir. Se va al detrás del texto que lo explica y satura de sentido y se viene al enfrente para desafiar la comodidad de los lectores y lectoras actuales. Por ejemplo, ¿Quién ha visto una problemática campesina en la parábola del buen sembrador? Este es el tipo de cosas que los y las autoras hacen de este libro para hacer que el evangelio de Marcos sea para sus lectores un nuevo evangelio. Ello explica el porqué este proceso hermenéutico envuelve a las lectoras y lectores y logra que entren en sintonía no solo con el narrador de Marcos sino con los narradores/autores que explican la narración de Marcos. Pero la sintonía con Marcos tendrá que ver sobre todo con alcanzar aquella fe poderosa que ordena a las montañas que se quiten y echen al mar (Mc 11.23).

Elsa Tamez

Introducción

El círculo de las historias

Hay dos tipos de historias y dos tipos de lectores. Un tipo de historia sólo aspira a divertir o distraer a su público. Tales historias suponen que sus lectores serán espectadores pasivos. En la cultura norteamericana actual, estas son las historias y lectores más comunes. Las películas, los discursos políticos y las noticias vespertinas, todos mantienen una distancia esencial entre la "actuación" y el público.

El otro tipo de historia tiene la intención de cambiar a su público. Invita a las espectadoras a hacerse co-participantes en la acción, o espec-actores.[1] Augusto Boal, quien desarrolló el "teatro del oprimido", dio el nombre de "*spec-actors*" a quienes se involucran tanto en una historia que quieren hacerse partícipes de la misma. Los "*espec-actores*" están abiertos a dejar que

1 "*spec-actors*" en inglés, un juego de palabras con *spectators*, lo cual implica ver y actuar

la historia desafíe los "guiones" de su propia vida – a dejar que la historia "les lea a ellos".

El evangelio de Marcos, un manifiesto del discipulado cristiano radical del primer siglo, es este tipo de historia. Llama a sus lectoras "a tener oídos para oír" (4.9) y "ver" y "seguir" (10.51ss). Este libro invita a sus lectores a participar en un proceso de reflexión sobre el evangelio que puede llegar a ser un camino de transformación. Como autores y autoras creemos en el poder de la historia de Jesús que nos relata Marcos para hacer de las personas espectadoras unos "*espec-actores*".

Trasfondo

Desde la publicación hace más de veinte años de *Binding the Strong Man. A Political Reading of Mark´s Story of Jesus*, por Ched Myers (Orbis, 1988), se han recibido numerosas peticiones de hacer una versión de aquel comentario más accesible al lector laico. Este libro pretende hacer eso, y a la vez proveer conexiones específicas entre temas marcanos y los desafíos del discipulado en el mundo actual. Para ayuda con estas tareas de *simplificar* y *aplicar*, Ched se dirigió a un grupo de colegas comprometidos tanto con la educación popular como el activismo cristiano.

Nuestro grupo representa un abanico de tradiciones eclesiales: católica-romana, luterana, presbiteriana, metodista y ecuménica. Vivimos y trabajamos en Los Angeles, Tucson y Washington, D.C. Somos hombres y mujeres, laicos y pastores. Ninguno de nosotros es teólogo académico profesional, aunque todos tomamos muy en serio la tarea de la reflexión teológica. Somos de la clase media y de descendencia europea-americana; sin embargo, estamos profundamente comprometidos con el rechazo de los privilegios de la cultura dominante, para trabajar por la justicia y la paz en solidaridad con los pobres dentro y fuera de los Estados Unidos.

Cada una de nuestras vidas ha sido afectada por haber vivido y trabajado con quienes se encuentran "en el reverso" de los procesos históricos, personas cuyas vidas siguen amenazadas por la guerra continua contra los pobres. Relacionarnos con estas hermanas y hermanos es hacernos personas divididas, atadas tanto al mundo de los privilegiados como al de los oprimidos. Experimentamos este conflicto como un regalo. Porque pensamos que nuestra tarea primaria es llamar al discipulado a la iglesia de la cultura dominante, concebimos como público principal de este libro otras personas cristianas europeas-americanas. Y por supuesto damos la bienvenida a todas y todos los lectores que se interesen en el evangelio de Marcos y la preocupación por la renovación de la iglesia hoy en día.

El proceso de escribir este libro no ha sido fácil. Juntos hemos luchado con el texto; hemos reído y llorado, y nos hemos desafiado mutuamente. En ocasiones las diferencias entre nuestras maneras de interpretar el texto han sido intensas y dolorosas, pero cada participante creció gracias a los aportes de los y las demás. Seguimos unidos por un respeto mutuo profundo, por el gozo y la energía que encontramos en la presencia de cada uno, y por nuestro convencimiento de que seguir a Jesús nos llama a resistir la injusticia y reconstruir un orden social más justo y más misericordioso mientras cumplimos los compromisos del evangelio. Volver a leer el evangelio reforzó nuestro convencimiento de que lo mejor es reflexionar sobre la Palabra en comunidad. Invitamos a nuestros lectores a involucrarse también en este proceso junto con otras personas.

Las metas de este proceso de lectura

La narrativa de Marcos sólo tiene el poder de transformar cuando se cruza con las narrativas de nuestra vida individual y con la historia colectiva más amplia en que vivimos. Hemos diseñado un proceso que se mueve entre estos tres círculos de historia, creyendo que cada círculo siempre debe informar a los demás.

Con el fin de leer todo el libro de Marcos, dividimos el texto en veinticinco unidades y las agrupamos en cinco secciones, que corresponden a las cinco secciones narrativas mayores del evangelio. Consideramos que estas unidades, presentadas como capítulos, representan bloques razonables para el estudio de individuos o grupos. Por ejemplo, un grupo de personas que se reúna dos veces al mes podría cumplir el programa entero en un año.

Cada una de las secciones empieza con una *Meditación inicial*, en reconocimiento de que es necesario y apropiado que la oración siempre acompañe nuestros esfuerzos por comprender las Sagradas Escrituras. Sugerimos que al terminar cada capítulo, que reflexionen sobre maneras en las cuales pueden acercarse a "*espec-actuar*" (ver y actuar).

Estos cuatro aspectos de nuestro proceso representen las etapas esenciales de lo que los teólogos de la liberación llaman el "círculo hermenéutico".

1. Nuestra comprensión inicial del texto en términos de nuestras preocupaciones.
2. Un estudio crítico del texto en términos de su contexto socio-histórico y narrativo.
3. Una reflexión sobre el contexto socio-histórico y la vida de la persona lectora.
4. Un compromiso transformado con el mundo.

Este proceso continuamente yuxtapone la historia de nuestro mundo con la historia del mundo de las Escrituras. Siguiendo la línea de *Binding the Strong Man*, enfatizamos aquí las dimensiones sociales, económicas y políticas del discipulado en el mundo. Esto no implica que el camino espiritual, al interior del ser humano, no tenga la misma importancia para la práctica cristiana, tampoco significa que se puedan separar las dimensiones públicas y privadas de la fe. Sencillamente reconoce que en la Norteamérica de hoy los cristianos y las cristianas concuerdan en que la oración es necesaria, pero hay poco consenso respecto a cómo involucrarse en temas públicos de la justicia social, económica y política.

Mapas para el viaje

Animamos a los y las lectores a escribir un *Diario de discipulado* durante este viaje de lectura. En el diario puede trazar su propia "geografía interna", anotar sus pensamientos y preguntas, apuntar notas, dibujar "mapas" hacia el futuro. Este diario puede ser un lugar para integrar el proceso y articular sus compromisos en su camino del discipulado.

Aunque será evidente que tenemos puntos de vista fuertes, tanto acerca de la Palabra como del mundo, hemos intentado hacer este libro lo más accesible posible en su lenguaje y su estructura. Hemos tratado de emplear un lenguaje inclusivo y evitar, hasta donde sea posible, vocabulario teológico y político técnico.

Nos damos cuenta de que frecuentemente se han usado las historias de sanación en los evangelios en maneras que son insensibles a las luchas actuales de personas con alguna discapacidad física en busca de una vida plena e independiente. Sin embargo, entendemos que estas historias simbolizan temas profundos que todos y todas enfrentamos: en Marcos, se narra el hecho de ser "ciego" o "sordo" como discapacidad espiritual, no solamente física.

Este libro no emplea notas al pie de la página y pocas veces cita referencias; sin embargo, hay una breve bibliografía al final con la bibliografía usada. Esperamos que nuestros lectores y lectoras nos perdonen si fallamos en el intento de mantener un nivel adecuado de sencillez en el escrito.

El gran profeta Isaías prometió que en aquel día Dios "rasgará en esta montaña el velo que cubre a todos los pueblos, el manto que envuelve a todas las naciones" (Isaías 25.7). Según Marcos, ese día amaneció con Jesús de Nazaret. Repudiando en su época tanto la clase gobernante de Judea como el sistema imperial de Roma, el Jesús de Marcos ideó una reconstrucción social desde abajo. Su práctica de inclusión e igualdad cuestionó toda forma de dominio político y personal. Este Jesús propuso una revolución tanto de los medios como de los fines, mandando a sus seguidores a abrazar la no-violencia y a enfrentar las consecuencias. Sobre todo, ofreció la contradicción de la cruz – la vida entregada –

como el único poder capaz de quitar el "velo" que cubre las naciones.

Escribiendo en medio de las presiones y el sufrimiento generados por la guerra entre los judíos y los romanos en 66-70 e.c., Marcos emite un manifiesto al discipulado radical. Hoy esta historia todavía invita a sus lectores y lectoras a "volverse" (1.15) y "ver con claridad" (8.25); proclamar las buenas noticias y echar afuera a demonios (3.14f); remar contra las tempestades de las divisiones étnicas (6.48); dar de comer a los hambrientos (6.37); llevar la cruz y seguir a Jesús (8.34). En nuestro mundo el "velo sobre todos los pueblos" se ha convertido en una horca, y la lógica mortífera de la dominación empuja la historia hacia un callejón sin salida. Es nuestra esperanza de que la historia de Marcos nos anime a "decir la verdad a este monte" (11,23) y a vivir el Camino de Jesús que es la compasión y la justicia en el mundo.

I. Liberar un espacio para el cambio

Meditación inicial

Ver el cementerio de los pobres en Rabinal, Guatemala por primera vez es chocante. Ubicado a las afueras del pueblo, queda cerca del cementerio principal, pero claramente separado de él. Hay montículos de tierra, muchos de ellos del tamaño de un niño, que señalan el último descanso de los más pobres de una aldea pobre en un mundo de pobres. Unas pocas cruces de palo, algunas flores y unos arbustos que por poco sobreviven, y una o dos piedras indican que las y los seres queridos no han sido olvidados.

Al otro lado del terreno hay un monumento grande y un montículo de tierra de once metros que sirve como la tumba masiva de 101 niños y niñas y 76 mujeres masacrados en esta aldea cercana al Río Negro en 1982. Los nombres están inscritos en el monumento con una descripción breve de otras tres masacres vividas por la misma aldea en el transcurso de un año. Guatemala, con una población 70% indígena, ha sido gobernado por muchos años por unos pocos ricos y muy poderosos terratenientes y comerciantes y por un ejército aun más poderoso que ha recibido el apoyo encubierto de los Estados Unidos. En los años 1980, para perpetuar su dominio económico, político y cultural, estas fuerzas maniobraron la eliminación brutal de más que 400 aldeas de los pueblos maya.

Cada ocho días los viudos de Río Negro, los pocos hombres que sobrevivieron la brutalidad, junto con los jóvenes que viven desde su niñez con recuerdos del horror vivido, se reúnen para honrar a las y los muertos con un rito devoto. El simple hecho de recitar la letanía de las y los santos de Río Negro es un acto poderoso y sanador. Con su decisión de construir el monumento que tanta verdad comunica, el remanente de la comunidad de Río Negro rompió una década de silencio y rescató la vida de entre la muerte.

"El mensajero aparecerá en el desierto" (Mc 1.3). La escena del cementerio de Rabinal da nuevo sentido a la palabra "desierto". Es un lugar definido por su exclusión, un espacio desolado entre la vida y la muerte, entre la esperanza y la desesperanza, entre el espíritu y la carne. Es un lugar para encontrar a Dios. Ubicado afuera de los centros del poder político, económico, social o cultural, Rabinal representa los márgenes de nuestro mundo, un desierto donde se hace evidente la necesidad de arrepentirse y donde se hace posible una Palabra profética.

Capítulo 1

El primer llamado al discipulado
Marcos 1.1-20

El texto en su contexto

El evangelista Marcos creyó que la historia de Jesús fue tan extraordinaria que tuvo que inventar un nuevo género literario para poder contarla. Lo llamó "evangelio", un término que abraza con corchetes su prólogo (1.1 y 1.15). Es un narrativo de un héroe que se basa en las acciones; pero, en contraste con las biografías romanas, sus personajes principales no son de las clases élites, sino de la gente común y corriente. Retrata a Jesús como un sanador y exorcista; pero, en contraste con los magos comunes en tal época, la historia de Marcos no resalta lo milagroso de lo hechos, sino la manera en que las personas sanadas por Jesús son empoderadas para vivir ("Tu fe te ha sanado", 5.34, 10.52).

En su obra Marcos hizo uso de varios estilos literarios contemporáneos, incluyendo estilos propios de la narrativa de la Biblia Hebrea, la literatura apocalíptica, las historias didácticas de los rabinos, los dichos de sabiduría y aún las tragedias greco-romanas. Con todo, su "evangelio" representó una nueva voz en la literatura de la antigüedad. Hoy en día, porque es una narrativa, podemos y debemos acercarnos al evangelio con las herramientas con las cuales estamos acostumbrados a interpretar historias.

Leer Marcos 1.1-3

El título de la historia es: "El principio del evangelio de Jesús el Cristo" (1.1). Frecuentemente los escritores antiguos establecían sus credenciales al principio de su escrito apelando a autoridades reconocidas (como en el caso de los créditos que aparecen al inicio de una película). El título de Marcos emplea dos términos muy conocidos para su público.

"Evangelio" era una palabra asociada a la propaganda romana. Noticias de una victoria militar en las fronteras lejanas de la Pax Romana, o la ascendencia al trono de un nuevo emperador, eran proclamadas como "buenas noticias" a lo largo del imperio. El César era elogiado como un "hombre divino" en las monedas y los cultos al emperador. En contraste, Marcos ofrece las "buenas noticias" de Jesús de Nazaret, las cuales categóricamente no eran del imperio, la noticia de que Jesús era un mesías judío, el Cristo. Al emplear esta retórica, Marcos buscaba ganar los corazones y las mentes del mundo mediterráneo con el lenguaje y los estilos literarios populares de ese mundo.

El título de Marcos también hace eco de Génesis 1.1, lo que sugiere que quería reclamar y renovar la gran historia de la actividad creativa de Dios en el mundo. Pareciera estar planteando que la creación continúa dondequiera que se cuente y reviva la historia. Esto resalta en 1.2, cuando una voz de fuera del escenario cita las escrituras hebreas, las cuales constituyen en Marcos la autoridad legitimadora más importante. "Isaías" promete que se va a abrir de nuevo el "Camino", lo que trae a la mente la narrativa fundacional de Israel, el peregrinaje de liberación, del Éxodo (Éxodo 23.20). En la historia de Marcos, este Camino es sinónimo del discipulado: al igual que Israel siguió al ángel en el desierto, se nos invita a seguir a Jesús.

La promesa genera una tensión dramática: algo va a pasar. Pero, ¿qué? y ¿dónde? De hecho la cita es una combinación de dos textos proféticos. Marcos 1.2 parafrasea a Malaquías 3.1, donde el profeta advierte de la aparición inminente de Dios "en el Templo". Este oráculo anuncia el juicio de Dios contra los que oprimen. Específicamente denuncia a los encargados del Templo. El Templo debía funcionar como una bodega central desde la cual se redistribuía el excedente agrícola para los necesitados de la comunidad. La denuncia es que en vez de distribuir a los necesitados, el sistema se había vuelto un mecanismo para "robar" (Mal 3.8-10). Jesús va a hacer eco de esta denuncia cuando visita el Templo más tarde en la historia (Mc 11.17; ver capítulo 16).

Seguidamente Mc 1.3 cita a Is 40.3 que anuncia un mensajero en el desierto, exactamente el lugar donde aparece Juan el Bautista en 1.4. Por medio de esta hábil combinación editorial de Malaquías e Isaías, Marcos introduce un tema principal de su evangelio – la tensión entre dos lugares simbólicos arquetípicamente opuestos: el Templo y el desierto, el centro y los márgenes.

Leer Marcos 1.4-8

La acción comienza con Juan el Bautista predicando el arrepentimiento (1.4-6). Juan se viste de una manera simbólica, algo que invoca la memoria del gran profeta Elías, quien desafió a reyes, como también lo hará Juan (2 Re 1.1-17). Sin embargo, a la historia de Elías le faltó el "fin de la historia", puesto que desapareció hacia los cielos cerca del río Jordán (2 Re 2.6-14). Este estado de haberse "desaparecido" significaba que su presencia podría irrumpir de nuevo en la historia – y ¡aquí está Juan-como-Elías en la ribera del río Jordán! Además, Malaquías prometió que Dios iba a enviar a Elías "antes que llegue el día del Señor, día grande y terrible" (Mal 4.5s), para hacer volver a la gente. Y, ¡aquí está Juan, exhortando a la gente a "arrepentirse", lo que significa "volver"! Las expectativas de quienes leen aumentan pero hay una sensación de pérdida del equilibrio. ¿Será que la historia señala el *principio* o el *fin*?

En el 1.5, Marcos nos informa que "toda Judea y Jerusalén" salieron a encontrarse con Juan en el desierto. Aquí se hace explícita la tensión entre el centro y los márgenes. Según el mito nacional del Templo-estado judío, Jerusalén era el centro del mundo, un lugar hacia el cual todas las naciones vendrían para someterse (Salmos 2.6; 14.7; 48; 69.35f; 87; 102.15-22; Isaías 4.5s; 18.7; 60.10-14). Pero Marcos pone las cosas al revés. No se regenera la salvación en el centro sino en los márgenes. ¡Por eso el pueblo entero tiene que volverse!

Inmediatamente, Juan introduce el personaje principal del evangelio: uno "más fuerte" quien bautizará con el Espíritu Santo (1.7s). Esto aumenta aún más las expectativas. Sin embargo, la apariencia inicial de

Jesús en el escenario no es nada extraordinario. Él es de "Nazaret de Galilea", una aldea casi desconocida en una provincia al norte de Palestina, algo que vuelve a subrayar la geografía de los márgenes en este prólogo. Aún así, es a esta persona, de orígenes sociales dudosos, en este lugar remoto, que habla la voz divina.

Leer Marcos 1.9-13

En el relato del bautismo de Jesús, imágenes dramáticas de repente invaden la narración. Jesús se levanta de las aguas del Jordán ante una visión de "cielos rasgados" (1.10), alusión a otro texto profético que dice:

> ¡Ojalá rasgaras los cielos, y descendieras!
> ¡Las montañas temblarían ante ti,
> como cuando el fuego enciende la leña
> y hace que hierva el agua!
> Así darías a conocer tu nombre entre tus enemigos
> y ante ti temblarían las naciones
> Hiciste portentos inesperados cuando descendiste;
> ante tu presencia temblaron las montañas…
> (Isaías 64.1-3)

¿Es que la identificación de Jesús como "Hijo amado" por la voz misteriosa de los cielos señala que Jesús es el gobernante mesiánico del Salmo 2.7? O, ¿el descenso de la paloma nos sugiere más bien al Siervo Sufriente de Isaías?

> sobre él he puesto mi Espíritu,
> y llevará justicia a las naciones (Isaías 42.1)

Esta intervención desde los cielos es el primero de muchos momentos en que Marcos hará uso del simbolismo de la literatura apocalíptica. En la época de Marcos la apocalíptica era el lenguaje popular de la disidencia política. Su visión del "fin del mundo" es el fin del mundo dominado por los poderes. Luego del bautismo, el Espíritu lleva a Jesús al desierto, donde lucha con el que "gobierna este mundo" (1.12s).[1] La lucha simboliza la guerra apocalíptica entre el bien (los ángeles y Jesús) y el mal (Satanás y las fieras salvajes). Es la primera de las muchas alusiones en Marcos al libro de Daniel, un tratado apocalíptico judío que exhortaba hacia la resistencia ante imperialismo helenístico dos siglos antes de Marcos. Daniel describe a los gobernantes opresores como "bestias", y habla de ángeles luchando con los "príncipes de los reinos" (Dn 7.1-7, 10; 12.1).

Pero, ¿habrá algo más en este episodio singular de la tentación? ¿Será posible interpretar el peregrinaje de Jesús a lo profundo del desierto como un tipo de "búsqueda de visión"? Aun hoy en día entre los pueblos indígenas la "búsqueda de visión" es tanto una aventura hacia fuera, más allá que los márgenes de la sociedad, como un peregrinaje interno de la purificación y encuentro con sí mismos. A la vez es un peregrinaje "en el espíritu" que busca descubrir la identidad y el destino del pueblo. ¿Podría ser que de alguna manera Jesús interioriza y revive la experiencia de Israel? Queda claro que emplear la frase "por cuarenta días" (1.13) tiene la intención de evocar los cuarenta años en que Israel pasó por "pruebas" en el desierto.

La identidad de Israel nace cuando escapa del faraón: "Sacaré a mi pueblo de Egipto" (Ex 3.10). De manera

---

1 Ver Mateo 4.8-9 y Lucas 4.5-7, donde Satanás ofrece el dominio de este mundo a Jesucristo.

parecida, se confirma la identidad de Jesús en su bautismo: "Eres mi hijo, mi amado" (Mc 1.11). Ahora él, como sus antepasados, tiene que luchar en el desierto para descubrir lo que significa esta vocación. Jesús sigue las huellas de su pueblo al "lugar de sus orígenes", el desierto del Éxodo, esperando descubrir dónde se equivocaron. Vuelve a enfrentar las fuerzas que tentaron su pueblo con la idolatría y la injusticia, porque para fraguar un futuro distinto tiene que enfrentar el pasado. Jesús emprende una búsqueda radical para descubrir las raíces de los problemas de su pueblo.

Leer Marcos 1.14-15

Jesús empieza a predicar "después de que encarcelaron a Juan" (1.14), una historia de intriga política a la cual Marcos vuelve más adelante (6.14-30, ver cap. 5). Jesús acepta el desafío de Juan de "volver y creer las buenas noticias", pero agrega algo asombroso. Anuncia que ha llegado "el reino de Dios" (1.16).[2] Los teólogos han entendido esta frase de muchas maneras en el transcurso de los siglos, pero pocos han reconocido su trasfondo más evidente: las tradiciones anti-monárquicas del antiguo Israel.

El pacto de Sinaí implicaba un estilo de gobernar descentralizado; puesto que YHWH sería rey sobre Israel, la política monárquica quedaba excluida. Por ejemplo, luego de conquistar a los reyes de las ciudades-estados cananeas (Jos 12), el líder militar victorioso Gedeón rechaza los esfuerzos por aclamarlo como rey.

---

2 En este libro vamos a emplear una expresión menos patriarcal, la "soberanía de Dios".

"Yo no los gobernaré...YHWH les gobernará" (Jueces 8.22s). En vez de un rey, la confederación tribal será administrada por "jueces".

1 Samuel 8 narra la decadencia de la confederación debido a la corrupción interna y las amenazas militares externas. Decepcionada con su experimento en la autodeterminación, la gente va al gran juez Samuel para exigir que él "nombre para ellos un rey que les gobierne, como lo tienen todas las naciones" (1 Sam 8.5). Luego YHWH le dice a Samuel, "no te han rechazado a ti, sino a mí, pues no quieren que yo reine sobre ellos" (8.7).

En seguida, Dios instruye a Samuel que advierta al pueblo acerca de "las costumbres de los reyes", las cuales incluyen: el militarismo, con reclutamiento forzado, la expropiación de la mano de obra y los recursos por parte del estado, una economía orientada al beneficio de las élites, y los impuestos (8.11-17). La letanía de siniestros concluye: "le servirán como esclavos". La moraleja de la historia es que al escoger una monarquía centralizada, el pueblo que ha sido liberado de la esclavitud va a volver a crear una sociedad en la que dominan los que gobiernan como si fueran "faraones".

Al reafirmar la soberanía de Dios, entonces, Jesús se ubica en el debate de las tradiciones bíblicas entre quienes consideraban a la monarquía como una bendición de Dios y quienes la veían como un paso hacia atrás. Jesús busca la renovación de las raíces de un Israel libre (ver cap. 4).

Pero Jesús no propone un sueño utópico que sólo se pueda realizarse en otro lugar (los cielos) o en otro tiempo (la vida eterna después de la muerte). El evangelio no deja lugar para una religión del otro mundo: "Ha llegado la hora, la soberanía de Dios está cerca" (Mc 1.15).

Leer Marcos 1.16-20

En el prólogo, los acontecimientos se desenvuelven en una secuencia rápida de predicción y cumplimiento. "Isaías" anuncia a Juan, quien anuncia el "de fuerza mayor", quien anuncia la soberanía de Dios. Esperamos que pase algo trascendental. Sin embargo, ¡en el próximo escenario se muestra a Jesús conversando con unos trabajadores comunes y corrientes (1.16s)! Dentro de la estrategia narrativa de Marcos, una escena anti-climática como esta subvierte nuestras expectativas para abrirnos a nuevas posibilidades. En el llamado a los pescadores se hace presente la soberanía de Dios, precisamente porque Marcos identifica el llamado con la aventura del discipulado.

Esta será la primera de tres invitaciones a seguir a Jesús en Marcos y estos episodios impulsan la trama mayor de la narrativa. Los otros dos episodios ocurren a la mitad (8.34ss; ver cap. 11) y al fin del evangelio (16.6s; ver cap. 25). En 1.16 vemos que Jesús escoge a sus alumnos, el revés de la práctica usual del reclutamiento rabínico en la época de Marcos. Jesús encuentra estos hombres en su lugar de trabajo, el negocio de pesca de su familia; sin embargo les llama a abandonar su oficio para emprender una nueva vocación.

Una paráfrasis apta de la invitación de Jesús sería: "¡Síganme y les enseñaré a pescar peces grandes!" (1.17). En la Biblia hebrea, la metáfora "gente como peces" aparece en las censuras proféticas contra un Israel apóstata, un Israel de ricos y poderosos.

> Voy a enviar a muchos pescadores – afirma el Señor -, y ellos los pescarán a ustedes (el pueblo de Israel)...(Jer 16.16)
>
> Vendrán días en que hasta la última de ustedes será arreada con garfios y arpones...(Amos 4.2)
>
> A ti, Faraón, rey de Egipto, gran monstruo que yaces en el cauce de tus ríos...
>
> Te pondré garfios en las mandíbulas, y haré que los peces del río se te peguen a las escamas...(Ez 29.3s)

En otras palabras, ¡Jesús llama a la gente común y corriente a unirse a él para volcar las estructuras de poder y privilegio en el mundo!

"Dejaron las redes y le siguieron" (1.18, 20). En el mundo antiguo, la demanda de dejar el lugar de trabajo habría significado más que la pérdida de la seguridad económica. Representaba una ruptura del tejido social de la familia extendida. Pero hay más: el verbo "dejar" se usa en Marcos también para hablar del perdón de las deudas. Como se va a ver con claridad en un episodio posterior (10.28s; ver cap. 14), "dejar" alude a la práctica de la redistribución económica y social en la comunidad del discipulado. El llamado al discipulado exige más que el asentir con el corazón; nos invita a una ruptura total con la forma usual de hacer las cosas.

Capítulo 2

Jesús el sanador
Marcos 1.21-2.12

El texto en su contexto

La primera sección narrativa principal del evangelio empieza (1.16) y termina (4.36) a orillas del Mar de Galilea. En esta sección Marcos nos elabora un cuadro del ministerio público de Jesús en y alrededor de la ciudad galilea de Cafarnaúm. Esta serie de episodios presentan las tres características esenciales de la misión de Jesús: sanar y exorcizar a las personas marginalizadas, proclamar la soberanía de Dios y llamar al discipulado, con los choques con las autoridades que resultan de las dos primeras.

Leer Marcos 1.21-28

El conflicto irrumpe en medio de la primera acción pública de Jesús, un exorcismo dramático en una sinagoga de Cafarnaúm. Aquí encontramos por primera vez un "relato de milagro". El debate moderno acerca de la veracidad de estas historias no solo está mal planteado, sino que se equivoca en su comprensión de la función de los relatos de milagro. En la antigüedad nunca se cuestionaba la posibilidad de cambiar el mundo físico (y espiritual) de manera extraordinaria.

El "milagro", en todo caso, no estaba tanto en la acción misma, sino en el valor simbólico del acto. Marcos se esfuerza mucho por evitar que veamos a Jesús como un simple mago popular. Jesús constantemente desanima a las personas a que se fijen demasiado en sus milagros o exorcismos (ver 1.44; 3.12; 5.18s; 5.43; 7.36), y exhorta a sus discípulos (y a sus lectores) a examinar el sentido profundo de sus acciones (8.17-21).

Empecemos por observar el significado del contexto espacial y temporal en 1.21ss. Jesús se ha trasladado de los márgenes en el desierto hacia el corazón del orden social judío – el tiempo y espacio sagrado de la sinagoga en el día Sábado. La forma en que la reacción de la multitud enmarca narrativamente el exorcismo, nos puede ayudar a entender la función del relato.

> La gente se asombraba de su enseñanza, porque la impartía como quien tiene autoridad y no como los escribas. (1.22)
>
> Todos se quedaron tan atónitos que se preguntaban unos a otros: "¿Qué es esto? ¡Una enseñanza nueva, pues lo hace con autoridad! Les da órdenes incluso a los espíritus malignos, y le obedecen." (1.27)

Lo esencial del conflicto se define entonces como una competencia respecto a la autoridad entre Jesús y la de los oficiales de los escribas, una competencia que llegará a ser eje central de la historia en su conjunto.

Entre 1.22 y 1.27 encontramos un "espíritu inmundo" que "protesta" la presencia de Jesús: "¿Por qué se mete con nosotros?" (1.23s; ver Jue 11.12; 1 Re 17.18). Sin embargo, de repente el tono desafiante del demonio se convierte en temor: "¿Has venido a destruirnos?"

Nos preguntamos, ¿quiénes serán los "nosotros", de los que habla el demonio? El marco narrativo que coloca Marcos en 1.22 y 1.27 sugiere que la voz del demonio representa la voz de la clase de los escribas, cuyo espacio Jesús está invadiendo. La sinagoga en el Sábado era, en ese contexto, territorio de los escribas, el lugar donde ejercían la autoridad de enseñar la Torá. Este "espíritu" personifica el poder de los escribas que domina los corazones y las mentes del pueblo. Jesús queda libre para empezar su ministerio lleno de compasión con las masas sólo después de romper la influencia de este espíritu (1.29ss).

Interpretar este exorcismo solamente como la "sanación de un epiléptico" sería ignorar su profundo impacto político. En contraste con la literatura helenística en la que los milagros usualmente apoyaban el estatus quo, las curaciones en el evangelio de Marcos desafían el orden del poder. No hay un solo caso de sanación y exorcismo en Marcos que no toque el tema de la opresión social, porque Jesús busca las causas profundas de la marginalización de las personas.

Leer Marcos 1.29-39

Jesús se retira de la sinagoga y va a una casa. Parece que Marcos hace un contraste entre la casa como un sitio seguro (5.38; 7.17; 7.24; 9.33; 10.10; 14.3) y la sinagoga y el Templo como lugares de conflicto político. Sin duda, esta manera de pintar las cosas refleja la experiencia de la iglesia primitiva. La historia de la sanación de la suegra de Pedro nos ofrece la oportunidad de poner a prueba la afirmación anterior. ¿Tendrá algún sentido social o simbólico este milagro que parece ser una simple "curación"? (1.30s)

Hay dos razones por las cuales esta curación, que parece ser de menor importancia, tiene un significado profundo. En primer lugar, Jesús sana en el espacio privado de una casa, y no comienza su ministerio público hasta después de ponerse el sol, es decir, cuando el Sábado ha concluido (1.32). Esto sugiere que sanar abiertamente en el Sábado podría haber sido controversial. Y ciertamente así es ya que en el episodio culminante del ciclo, Jesús regresa a la sinagoga en el Sábado y sana a un hombre – con consecuencias drásticas (3.1-6; ver cap. 3).

En segundo lugar, la suegra de Pedro es la primera mujer que aparece en la narrativa de Marcos. Se nos cuenta que una vez sanada "ella le sirvió" (1.31). La mayoría de los comentaristas, permeados por la teología patriarcal, entienden que esto significa que le preparó la cena a Jesús. Sin embargo, el verbo griego que traducimos "servir" (de la cual derivamos nuestra palabra "diácono") aparece solo dos veces más en Marcos. Se encuentra en primer lugar en 10.45 – "El Ser Humano[1] no vino para ser servido sino para servir" – ¡un contexto que sugiere mucho más que preparar una

---

1 Los autores han llegado a la conclusión que la frase que es traducida de una manera literal como "el Hijo del Hombre" en muchas versiones, tiene un sentido que se rinde mejor como "the Human One" en inglés. El traductor rinde "the Human One" con la frase "el Ser Humano" en el castellano.

comida! (ver cap. 15). El otro uso de la palabra viene al fin de la historia, cuando Marcos describe las mujeres que "lo habían seguido y servido y...habían subido a Jerusalén con él" (15.41). Este versículo se constituye en un resumen del discipulado: desde el principio (en la Galilea) hasta el fin (en Jerusalén), estas mujeres fueron seguidoras verdaderas quienes, a diferencia de los hombres (ver 10.32-45), cumplieron el llamado a servir.

En otras palabras, tanto al inicio como en la conclusión del evangelio de Marcos, las mujeres son identificadas como las verdaderas discípulas, aún dentro de una sociedad que no las valoraba. En esta sanación "menor", ¡Marcos nos notifica que se va a trastornar la teología patriarcal y la desvalorización de la mujer!

Jesús el sanador experimenta la urgencia constante de las masas necesitadas, algo indicado en su resumen en 1.32-39. En Marcos, la atención especial de Jesús hacia la "multitud" (mencionada unas 38 veces) articula una parcialidad enfática a favor de quienes viven privados de sus derechos. Esto refleja con precisión las realidades sociales de la época de Marcos. Las circunstancias económicas y políticas en la década previa a la guerra entre los romanos y los judíos habían dejado sin sus posesiones a sectores importantes de la población de la Palestina. La enfermedad y las discapacidades eran parte inseparable del ciclo de la pobreza, como todavía lo son hoy.

Pero Jesús también necesita un espacio de contemplación; así que en 1.35 se retira al desierto (ver 6.31). Esto establece un ritmo narrativo de acción y reflexión. Sin embargo, por más importante que haya sido la oración en la obra de Jesús, siempre estaba al servicio de la misión de liberar la vida humana: "Vámonos de aquí a otras aldeas cercanas donde también pueda predicar; para esto he venido" (1.38).

Trasfondo: la pureza y la retribución

Ahora nos detenemos en dos curaciones que engendran hostilidad por parte de las autoridades locales (1.45-2.12). Esta hostilidad no se puede explicar como producto de una intolerancia general a los sanadores y magos, ya que en la antigüedad las curaciones eran algo común y, en la sociedad helenística los magos practicaban su arte libremente.

Para entender la naturaleza controversial de las curaciones de Jesús, debemos tomar en cuenta que cuando leemos las narrativas bíblicas estamos involucrados en un ejercicio intercultural. Nuestra cosmovisión moderna supone que las historias de curación en los evangelios relatan la curación "sobrenatural" de enfermedades que la medicina moderna podría diagnosticar. Sin embargo, en el antiguo mundo mediterráneo, se percibía la enfermedad primeramente como un "estado socialmente desvalorizado", una condición aberrante o defectiva que amenazaba la integridad comunitaria.

El sistema cultural del judaísmo tardío de la época del Segundo Templo se preocupaba por la impureza y el pecado, pero no a partir de un diagnóstico científico de los síntomas. Sanar era en primer lugar el acto de "re-socializar" a la persona "defectiva" luego de su tiempo de aislamiento. Por ejemplo, no se puede hacer una equivalencia entre lo que los escritores bíblicos llaman "lepra" con lo que nosotros conocemos como la "enfermedad de Hansen", ya que en la Biblia se usa la palabra lepra para referirse a cualquier tipo de afección de la piel. Se pensaba que las imperfecciones en los "límites" del cuerpo físico reflejaban vulnerabilidades del cuerpo social. Los ritos sacerdotales que se asociaban con la purificación simbolizaban una forma de cubrir esas vulnerabilidades, pero no de curación médica.

Las sociedades humanas dan orden a su existencia por medio de "mapas" que pretenden regular y socializar el cuerpo físico dentro del cuerpo político y social. Bruce Malina y Richard Rohrbaugh, en su libro *Los evangelios sinópticos y la cultura mediterránea del siglo I: Comentario desde las ciencias sociales*, describen estos mapas como "líneas dibujadas alrededor de uno mismo, otras personas, la naturaleza, el tiempo y el espacio. Cuando algo está fuera de su lugar, según lo determinado por el sistema de significados predominante, se considera como mala, desviada, sin sentido...El sistema que dice que algunas cosas son puras (en su lugar) y otras impuras (fuera de su lugar)...puede ser determinado a base de personas, grupos, cosas, tiempos y lugares." Así, dentro del antiguo patriarcado hebreo, se consideraba impura a la mujer menstruante y se la aislaba. De una manera parecida, dentro de la lógica del racismo norteamericano moderno, se consideraban "inferiores" a las personas de piel oscura, y se las segregaba. Estos son sistemas del poder y el privilegio, no de la lógica.

Los mapas sociales del estado judío de la época del Segundo Templo consistían en dos códigos que se reforzaban mutuamente: la pureza y la retribución. El código de la pureza, adjudicado por los sacerdotes, establecía lo que se consideraba puro e impuro para así mantener los límites entre grupos y clases sociales.

Por ejemplo, las leyes de la comida y la circuncisión distinguían entre judíos y no judíos. Se determinaba el estado de pureza de una persona por su nacimiento (p.ej. su tribu), cuerpo (varón o mujer, discapacitado o "sano") y comportamiento (sus obligaciones cúlticas).

Se empleaban los términos "deuda" y "pecado" de manera casi intercambiable. La ley de la retribución, bajo la jurisdicción de la clase de los escribas, regulaba las responsabilidades individuales y sociales, el comportamiento criminal y el estatus económico. Sus reglas (p.ej. los Diez Mandamientos) determinaban los pecados de comisión (robar un buey o cometer el adulterio) y de omisión (no pagar los diezmos o fallar a observar correctamente el Sábado). Es importante recordar que no había ninguna diferenciación entre lo "sagrado" y lo "secular" en este sistema. La Torá, que para nosotros es un texto religioso, funcionaba en aquel entonces como el código legal básico.

Cuando empezamos a entender las diferencias socio-culturales entre este sistema antiguo de "salud" y "justicia" y nuestros sistemas, podemos plantear algunas interrogantes acerca de cómo se distribuía el poder en ese entorno. ¿Quiénes interpretaban los códigos de pureza y de retribución (el poder de diagnosticar)? ¿Cuál era el costo del "tratamiento recetado" para la persona que recibía el diagnóstico de estar impura o en deuda?

Esto nos sugiere por qué las acciones de Jesús provocaron tanta oposición. Cuando Jesús entra en debate acerca de las Escrituras, está involucrado en la crítica social. Cuando desafía el culto en el Templo, subvierte la autoridad política y amenaza a los dirigentes cuyo estatus social e identidad nacional están ligados al estado-Templo. Cuando choca con los sacerdotes o escribas, está desafiando a los administradores principales del estado-Templo, quienes son los voceros del estatus quo.

Leer Marcos 1.40-45

En el antiguo Israel, la persona con lepra llegó a representar al excluido típico de la sociedad, cuyo destierro se debía a la impureza. Las amplias reglamentaciones levíticas respecto a la lepra (ver Lv. 13-14) giraban en torno a dos preocupaciones: 1) la impureza era comunicable, y 2) era necesario que un sacerdote presidiera el rito de purificación.

Jesús desafía ambos principios. Este episodio se construye con referencia al uso repetido del verbo griego que traducimos "declarar limpio". El drama inicia cuando el hombre con lepra reta a Jesús a asumir el privilegio de los sacerdotes y declararlo limpio (1.40). Esto podría explicar por qué "las entrañas de Jesús estaban batiendo" (1.41).

Pero en vez de llevar a cabo un rito, Jesús sencillamente toca al hombre y lo declara limpio. Según el código de pureza, Jesús mismo quedaría contagiado por la impureza; pero Marcos nos dice que la declaración fue eficaz y el leproso quedó limpio (1.42). La voluntad de Jesús de tener un contacto social con el hombre con lepra subvirtió el código de pureza (1.43). En el desarrollo subsecuente de la historia encontramos la clave de su interpretación. Jesús "resopla con indignación" y despacha al hombre para que lo vean los sacerdotes (1.43). Lo que sugiere esta expresión no es colaboración, sino protesta.

La tarea del hombre es de ayudar a confrontar el sistema que lo ha mantenido marginalizado (1.44). Se le instruye que se someta al rito prescrito en la ley de Moisés precisamente con el fin de "testificar en su contra", una frase técnica en Marcos que quiere decir "enfrentar a sus oponentes" (ver 6.11, 13.9). ¡Difícilmente los sacerdotes aceptarían la autoridad de Jesús para declarar limpio al leproso! Sin embargo, la misión se desvía cuando el hombre sanado anuncia públicamente su curación, y Jesús se ve obligado a retirarse a lugares solitarios (1.45). Sus curaciones serían interpretadas o como liberaciones o como desafíos al orden social; según el compromiso de cada cual.

Leer Marcos 2.1-12

Jesús regresa calladamente a Cafarnaúm, pero pronto es descubierto. Tanto los enfermos como quienes sospechan de él lo persiguen (2.1s). En este episodio Marcos plantea una oposición importante entre el "razonar" de los escribas y la "enseñanza" de Jesús:

2.2 Jesús les estaba *enseñando* la palabra...
2.6 Los escribas estaban *razonando* en sus corazones...
2.7 Escribas: "¿Por qué este hombre está *enseñando* esto?"
2.8 Jesús: ¿Por qué *razonan* así en sus corazones?

Esta vez el tema de fondo tiene que ver con la ley de la retribución, bajo la cual las personas con discapacidades físicas tenían un estatus inferior en la comunidad por sus "defectos". En vez de sencillamente "sanar" su cuerpo, Jesús decide desafiar el poder político al liberarlo de toda deuda (2.5, 7). Los escribas objetan, reclamando que en este sistema únicamente Dios puede adjudicar la deuda (2.7). Pero en realidad no están defendiendo la soberanía de Dios, sino su propio poder social, ya que como intérpretes de la Torá, controlan cómo se define el pecado. Al igual que en el episodio anterior, Jesús unilateralmente pasa por alto a la autoridad pública para liberar la vida humana.

En este episodio hay dos alusiones a la Biblia hebrea que serán claves para entender el evangelio de Marcos. Jesús justifica su acción en el nombre del "Humano" (2.10). Esta es la primera vez que esta persona aparece en Marcos. Luego veremos que Marcos toma esta figura de la visión apocalíptica de la "justicia verdadera" en Daniel 11. Además, este perdón del pecado se constituye la primera de muchas referencias a la visión en Levítico de la liberación de las deudas, algo que se da en el Jubileo (ver cap. 3).[2]

Esta historia es una forma de parábola de la adoración reconstructiva en una comunidad inclusiva. Una gran multitud se reúne en la casa donde Jesús "proclama la Palabra" (2.2). Las amistades de una persona excluida por la muchedumbre remueven el techo para que pueda ser recibido (2.4). El "Humano" perdona el pecado del hombre, lo reinstala en su lugar en el "cuerpo social" (2.12[a]), y la congregación glorifica a Dios (2.12b).

---

2 Para un tratamiento más amplio del tema del Jubileo, ver Ross Kinsler y Gloria Kinsler, *El Jubileo bíblico y la lucha por la vida* (Quito: CLAI) 2000. El libro trata el conjunto de leyes en Levítico y Deuteronomio que tienen que ver con la cancelación de la deuda y la esclavitud cada siete años, y la ley que manda un Jubileo cada cincuenta años.

Capítulo 3

¡Jubileo!
Marcos 2.13-3.6

El texto en su contexto

Luego de haber desafiado el sistema de pureza controlado por los sacerdotes, y el sistema de retribución controlado por los escribas, Jesús se dirige a confrontar a los fariseos. Los fariseos fueron un movimiento de renovación que rápidamente estaba ganando poder social e influencia en la época de Marcos. La aristocracia sacerdotal en Judea no esperaba que las masas guardaran todas las regulaciones de la pureza y la retribución; ese tipo de piedad era para los que tenían cierta educación y riqueza. En contraste, los fariseos buscaban la forma de aplicar sus tradiciones a todo el pueblo con el fin de que las cumplieran en su vida cotidiana.

A diferencia de los sacerdotes, los fariseos enfatizaban más las prácticas agrícolas y asuntos de casa relevantes para la vida de las aldeas que las obligaciones centradas en el Templo. En contraste con los escribas, sostenían que además de la Torá escrita, había una "tradición oral" entregada a Moisés en el Sinaí que representaba una autoridad paralela.

Luego de la destrucción del Templo en Jerusalén en el año 70 e.c., el farisaísmo emergió como la fuerza dominante en el judaísmo. Alrededor del año 200 e.c., los rabinos empezaron a escribir un código recogiendo la ley oral que había sido transmitida a lo largo de los siglos. Este código se constituyó en el fundamento de una fe judía centrada en la sinagoga.

En la época de Marcos, los fariseos entraron en fuerte competencia con el movimiento de Jesús por los corazones y las mentes de los marginados. Este hecho se ve reflejado en los siguientes tres episodios, donde Jesús defiende la práctica de sus discípulos, y al hacerlo toca temas que eran importantes para los fariseos: las restricciones en cuanto al compartir en la mesa, la piedad pública y la observancia del sábado.

Leer Marcos 2.13-22

A modo de transición narrativa, Marcos señala que Jesús se retira al mar, donde llama a Leví (2.13s). Es probable que Leví haya sido un judío de la localidad, empleado de un "cobrador de impuestos" extranjero que tenía contratos con Roma para recoger los impuestos imperiales, y un porcentaje adicional. Los judíos "rectos" despreciaban a sus paisanos que eran cobradores de impuestos por las siguientes tres razones, entre otras:

1. Su oficio requería un contacto cercano y una colaboración con gentiles;

2. eran burócratas con la fama de carecer de escrúpulos;
3. eran representantes de la administración colonial opresiva.

Los cobradores de impuestos eran un recuerdo permanente de que la nación se encontraba en "servidumbre por deuda" ante el sistema político y económico romano. De nuevo Jesús encuentra una persona en su lugar de trabajo y lo invita a salir de ahí. El discipulado de Leví se retrata en la siguiente escena (2.15). En su casa vemos "pecadores" (es decir, los que tienen una deuda dentro del sistema administrado por los escribas) compartiendo una comida con cobradores de impuestos (es decir, los que hacían cumplir la obligación de deuda en el sistema imperial romano). ¡En realidad es una mesa compartida extraordinaria! Lo único que podría explicar este tipo de comunidad repentina entre "enemigos por razón de clase social" era algún tipo de perdón de deuda al estilo del Jubileo.

En la cultura mediterránea, la mesa compartida fue el corazón del intercambio social. Por ello los fariseos tenían una profunda preocupación con la dieta, los ritos y las leyes que tenían que ver con el compartir de la mesa. Por ello, reprochan lo que sucede en casa de Leví (2.16). El dicho con el que Jesús concluye este episodio (2.17) identifica a los "enfermos" con los "pecadores", algo que establece un vínculo entre este episodio y su ataque previo al código de deuda. Quienes piensan que el estatus quo es "saludable" (porque se benefician de él) no van a responder a las "buenas nuevas" de Jesús, pero los excluidos y los endeudados sí. Este breve enfrentamiento con los fariseos anticipa una controversia más extensa sobre la comida que se dará más adelante, cuando Jesús repudia no solamente las prácticas que excluyen personas de la mesa sino la base entera de la autoridad de los fariseos (7.1-23; ver cap. 9).

A continuación, Jesús exime a sus discípulos de un día de ayuno público. Es probable que la comunidad de Marcos estuviera impresionada con el rigor de las prácticas de los fariseos. Sin embargo, Jesús quiere atravesar la piedad y llegar de una vez al tema esencial: una sociedad en la que algunos tienen los medios económicos que les permite ayunar voluntariamente, mientras que otros sufren hambre porque no tienen opción. En contraste con la economía de la escasez, Jesús compara la soberanía de Dios con una fiesta (2.20). Además, en su famoso dicho acerca de los odres, Jesús plantea que el "nuevo" vino del movimiento del discipulado no debe echarse en las "viejas" formas de la piedad cosmética (2.22).

Trasfondo: el Jubileo y la política de la comida

Para entender plenamente estos relatos (y el siguiente, 2.23ss), necesitamos conocer algo de su trasfondo bíblico e histórico. Las reglas del sábado en la Torá tenían la intención de enseñar a las personas acerca de su dependencia de la tierra y de la "economía divina de la gracia". Porque la tierra pertenece a Dios y sus frutos son "gratuitos", se deben distribuir con justicia en vez de buscar hacerse dueños de ellos, almacenándolos.

La palabra "sábado" aparece por primera vez en la historia del maná en el desierto (ver Éxodo 16.15-26). En esta historia no solamente se encuentra una lección acerca del amor de Dios que les sostiene, sino que sirve también como un recordatorio arquetípico que sostenía que la meta de la organización económica era garantizar lo suficiente para todos, *no* para que unos pocos acumulen un excedente. Con el descanso del sábado, se interrumpen los esfuerzos humanos en forma regular para controlar los procesos de producción y cosecha (una vez cada semana más una vez cada siete años); es un descanso para la tierra y para la mano de obra humana (Éxodo 31.12-17; Dt 15.1-7), modelado según el orden de la creación (Gén 2.2).

El ciclo de sábados debía culminar en un "Jubileo" cada cuarenta y nueve años (ver Lv 25). El Jubileo tenía la intención de proteger a Israel de la tendencia, inevitable en la sociedades humanas, de concentrar el poder y la riqueza en manos de unos pocos, creando así clases jerárquicas con los pobres en el fondo. En las sociedades agrarias, como la del Israel bíblico (o partes del Tercer Mundo hoy en día), el ciclo de pobreza empieza cuando una familia tiene que vender su terreno para pagar una deuda, y termina cuando a los campesinos sin tierra les queda solo su mano de obra para vender. Terminan haciéndose siervos cuya mano de obra es obligatoria, o sea, esclavos.

El Jubileo tenía como meta desmantelar esta desigualdad, redistribuyendo la riqueza al:

- perdonar la deuda de miembros de la comunidad (Lv 25.35-42; Dt 15.1-11);
- devolver la tierra hipotecada o perdida a sus dueños originales (Lv 25.13, 25-28);
- liberar a los esclavos (Lv 25.47-55; Dt 15.12-18).

La razón que fundamenta la reestructuración unilateral de la riqueza de la comunidad es el hecho de que la tierra le pertenece a Dios (Lv 25.23) e Israel es un pueblo del Éxodo que nunca debe regresar al sistema de la esclavitud (25.42). Hay mucho debate en cuanto a si Israel en algún momento cumplió con la disciplina económica del Jubileo – y, en la religión capitalista hay mucho escepticismo al respecto. Sin embargo, el Jubileo permanece como corazón de la Torá, y el Jesús que nos presenta Marcos quiso renovar esta tradición en su propio contexto. Así como hizo con la antigua visión de la soberanía de Dios, hace también con el Jubileo.

Leer Marcos 2.23-28

Ahora llegamos al tercer relato en la secuencia de controversias acerca de la comida, que giran alrededor de tres preguntas. La primera es *¿con quiénes deben comer los discípulos?* (2.15s) la segunda *¿cuándo no se debe comer?* (2.18s) y la tercera *¿dónde y cuándo deben comer?* (2.23ss). Los escenarios para estas controversias son representativos de lo que hoy en día llamamos la esfera económica. En una sociedad agrícola tradicional, la mesa era el sitio primario de "consumo", siempre relacionado con el campo de la "producción". Saber algo del trasfondo de los problemas de la justicia económica en la época de Marcos nos puede ayudar a clarificar por qué estos temas surgen en relación con los fariseos.

Había resentimiento entre los campesinos de Galilea por el control ejercido por el grupo de los fariseos sobre la siembra, la cosecha y el mercadeo de sus productos. Muchos campesinos pobres no podían sostener el costo de obedecer las leyes que tenían que ver con los diezmos, o con dejar en barbecho sus campos en el año del sábado y con lo que debían o no debían sembrar o comer. Desde el punto de vista de los campesinos, el control que ejercían los fariseos sobre las reglas del sábado se había convertido en una forma en que ellos regulaban la economía para su propio beneficio. Así el episodio que Marcos relata acerca de los granos en el campo contrasta la ética positiva del Jubileo de Jesús, que anuncia una redistribución de los recursos en el año sabático, con la ética propietaria de los fariseos, que legisla restricciones en el día y en el año sabático.

Cuando los discípulos pasan por los sembradíos y arrancan algunas espigas, son criticados por incumplir las reglas del sábado acerca de la cosecha (2.23s). La defensa que Jesús hace de sus discípulos alude a una historia de las Escrituras acerca de David (2.25; ver 1 Sam 21.1-6). Como guerrillero en medio de una campaña militar, David había tomado el pan consagrado para sus soldados, violando así los códigos de la santidad porque tenía necesidad. De hecho, aquí Jesús agrega algo que no queda explícito en la historia en 1 Samuel: David y sus seguidores tenían hambre.

Este relato se coloca en la línea del Jubileo en la que las personas hambrientas tienen derecho a la comida, a pesar de las leyes que puedan restringir este acceso. Por lo menos dos principios levíticos resuenan aquí:

> Si alguno de tus compatriotas se empobrece y no tiene como sostenerse, ayúdale...[no] le prestarás dinero con intereses ni le impondrás recargo a los víveres que le fíes. (Lv 25.35, 37)

> Cuando llegue el tiempo de la cosecha, no sieguen hasta el último rincón del campo ni recojan todas las espigas

que queden de la mies. Déjenlas para los pobres y los extranjeros. (Lv 23.22)

En la narrativa de Marcos, el "pan" se convierte en símbolo de comunidad en la línea de las tradiciones del maná y del Jubileo (6.33-34; ver cap. 8). Tomar las espigas es en realidad una protesta no violenta en favor de "comida para personas, en vez de ganancia de pocos". En palabras de Jesús: "El sábado debe estar al servicio de la humanidad, no al revés." (2.27; ver Mt 12.7).

Se puede leer esta serie de historias relacionadas con la comida como una fuerte protesta en contra de la política alimenticia en Palestina. En la historia de Leví, tanto las personas endeudadas como los cobradores de deuda comparten la fraternidad de la mesa. En el debate sobre el ayuno, Jesús ofrece una metáfora de un banquete como una alternativa a la piedad ritual, porque los pobres necesitan que la abundancia sea compartida, no la abstinencia religiosa. Y el episodio de la siembra dramatiza la ética del Jubileo, eligiendo la comida por encima del sábado. Al fin viene el argumento clave: el Ser Humano tiene soberanía aún sobre el sábado (2.28). El eco de 2.10 que resuena aquí sugiere que toda la secuencia de relatos, empezando con el paralítico, articula la reinterpretación radical por parte de Jesús de la ley de la retribución a la luz del Jubileo.

Leer Marcos 3.1-6

El ministerio de Jesús en Cafarnaúm termina donde inició en 1.21, en una sinagoga en el sábado. La queja de los fariseos en 2.24 es un aviso legal previo a una denuncia formal de haber violado el sábado. Ahora convergen los dos temas del ministerio de Jesús hasta este momento: la curación pública y la obligación de observar el sábado. El drama de la sinagoga se convierte en un tipo de teatro político intencional, porque antes de que desafíe la ley, Jesús desafía a su público con lo que parece ser, en primer momento, una pregunta retórica. "¿El sábado, es permitido hacer lo bueno o hacer lo destructivo?" (3.4) Luego agrega, con un poco de ironía, "¿Salvar vidas, o matar?" – como si fuera una manera de plantear un contraste entre su propio ministerio de sanación y la preocupación de las autoridades con la seguridad del estado. Sin embargo, no es una pregunta retórica. Es una paráfrasis del gran ultimátum dado por Moisés al pueblo de Israel a la entrada de la Tierra Prometida.

> Hoy te doy a elegir entre la vida y la muerte, entre el bien y el mal.[1] Hoy te ordeno que ames al Señor tu Dios, que andes en sus caminos, y que cumplas sus mandamientos, preceptos y leyes. Así vivirás y te multiplicarás, y el Señor tu Dios te bendecirá en la tierra de la que vas a tomar posesión.
>
> Pero si tu corazón se rebela y no obedeces, sino que te desvías para adorar y servir a otros dioses, te advierto hoy que serás destruido sin remedio. No vivirás mucho tiempo en el territorio que vas a poseer luego de cruzar el Jordán. (Dt 30.15-18)

Este momento descrito por el Deuteronomista, coloca al pueblo entre "los cielos y la tierra", entre la historia y el destino, entre sus antepasados y sus descendientes

1 La palabra hebrea traducida "mal" incluye un elemento de "destructivo" de la vida.

(30.19s). Invita a quienes leen a participar en la decisión arquetípica entre la vida y la muerte.

La confrontación en la sinagoga también es un escenario de tribunal: a la vista pública, las autoridades están preparadas, esperando el momento en que el sospechoso se vaya a pasar del límite permitido. Sin embargo, por medio de su ultimátum Jesús repentinamente se vuelve fiscal en vez de acusado. En la tradición clásica de la desobediencia civil, Jesús transgrede la ley para levantar temas más profundos acerca de la salud moral de la vida cotidiana: ¿Es legal la justicia?

De hecho, quienes escuchan a Jesús se niegan a responder a su desafío. La palabra que describe su enojo en 3.5 es fuerte; se la asocia en el Nuevo Testamento con la frase "la ira de Dios". Marcos denuncia su terquedad como "dureza de corazón", "la enfermedad" del Faraón en la historia del Éxodo. También en la tradición deuteronomista, el corazón es uno de los enfoques principales:

> ...hasta este día el Señor no les ha dado corazón para entender, ni ojos para ver, ni oídos para oír. (Dt 29.4)
>
> Pueda darse entre ustedes que el corazón de alguien esté apartándose de Dios...(Dt 29.18)
>
> Cuando vives entre las naciones, acuérdate de las bendiciones y las maldiciones que he puesto delante de ti...(Dt 30.1)
>
> El Señor tu Dios circuncidará tu corazón y los corazones de tus descendientes para que ames a Dios con todo tu corazón y con toda tu alma, y así tendrás vida. (Dt 30.6)

Según Marcos, los corazones de estos descendientes de Moisés se han desviado. La misma acusación se hará más adelante contra los discípulos de Jesús (ver 6.52, 8.17).

Es un momento crítico. Jesús escoge la vida y sana al hombre de su discapacidad (3.5). Los oficiales galileos escogen la muerte, y empiezan a desarrollar un complot en contra de Jesús (3.6). De aquí en adelante, las dos trayectorias siguen en juego mientras que Jesús continúa con su obra sanadora frente a la oposición de las autoridades. El desarrollo de la historia revela su realismo político. Ni hemos tratado la quinta parte del evangelio y Jesús ya queda marcado para la muerte. Puede ser que la práctica del Jubileo invoque la economía divina de la gracia pero, como Bonhoeffer nos recuerda, esa gracia tiene su costo.

Capítulo 4

Atando al hombre fuerte
Marcos 3.7-35

El texto en su contexto

Leer Marcos 3.7-12

El giro que dan los eventos después del segundo enfrentamiento entre Jesús y las autoridades en la sinagoga proyecta una gran sombra de duda sobre la narrativa del discipulado. Por ello, mientras Jesús se aparta (3.7), Marcos "regenera" el ritmo de la narrativa con un resumen que reitera cada elemento característico de la misión de Jesús.

Hay un breve relato de discipulado a la orilla del mar (3.7-9), similar a la historia con la que se inició la narrativa en 1.16ss. Aquí los seguidores vienen desde Idumea, al sur de Palestina, y desde Tiro y Sidón al norte. Vienen desde el centro (Judea y Jerusalén) y desde los márgenes (más allá del Jordán). Marcos nos recuerda que las multitudes que buscan ser sanadas no dejan de buscar a Jesús (3.9s). En Marcos el término "multitud" es sinónimo de masas sin derechos: los pobres, los desempleados, los desplazados, los enfermos, los impuros en el sentido ritual. Y Jesús continúa practicando exorcismos (3.11).

A pesar de que Marcos presenta el tema del exorcismo como algo tan importante para la vocación de la iglesia como es la predicación, los cristianos y cristianas occidentales se confunden ante este tema (3.14s). Los liberales que clasifican las historias de exorcismo como "mitos pre-sicológicos", sienten vergüenza de su centralidad en el ministerio de Jesús, mientras que los que hoy en día abogan por la "guerra espiritual" desconocen el carácter público y político de los exorcismos de Jesús. En la antigüedad, el exorcismo no era nada fuera de lo común, y hoy en las culturas tradicionales, los chamanes ejercen el poder de echar fuera los malos espíritus. ¿Había algo único en la práctica del exorcismo realizada por Jesús?

Marcos representa a Jesús en una lucha con los espíritus inmundos por el poder para "nombrar". Aunque sus discípulos se confunden acerca de quién es Jesús (ver 4.41), las fuerzas demoníacas lo saben muy bien, y creen poder ponerlo bajo su control anunciando públicamente su identidad. Por ello Jesús prohíbe repetidamente que los espíritus inmundos "dijeran quién era él" (3.12; ver 1.24s).

La mayoría de los eruditos modernos han entendido este silencio como un deseo de Jesús de guardar el secreto de su verdadera identidad. Sin embargo, como veremos más tarde (cap. 11), en la historia de Marcos tanto los demonios como los seres humanos pueden conocer el nombre verdadero de Jesús, pero si no caminan con él se les pide guardar silencio. En contraste, son reconocidos por su fe los que siguen a Jesús, aún cuando se equivocan en los nombres o títulos que le dan (cap. 15).

En la línea del Dios innombrable del Éxodo (Éx 3.2-15), Jesús se niega a aceptar los "títulos" honoríficos que sus oponentes o amigos pretenden otorgarle. En cambio, se nombra a sí mismo como el "Ser Humano" (cap. 11). Incluso se atribuye el poder de nombrar los demonios, como veremos en su lucha con "Legión" (5.1-20; cap. 6). Precisamente por haber desenmascarado la autoridad opresiva, vendrán de Jerusalén algunos investigadores de los escribas, que se esforzarán por desacreditar el trabajo exorcista de Jesús (3.22s).

Lo que está en juego cuando Jesús se enfrenta a los espíritus inmundos es quién tendrá el poder de analizar y nombrar la realidad. Según Marcos, el exorcismo tiene que ver primeramente con la práctica de desenmascarar la verdad de una situación. Como tal, el exorcismo es indispensable para cualquier movimiento de liberación, personal o político.

Leer Marcos 3.13-19a

Seguidamente, Jesús empieza con su ascenso a un monte, nuevamente una alusión a Moisés (3.13). Sin embargo, a diferencia de la antigua historia del Sinaí, donde no se permitió que la gente siguiera a Moisés hasta el monte (Éx 19.16-25), en Marcos Jesús convoca a su grupo de liderazgo para que se reúna ahí con él. En una nueva demostración del poder de nombrar - en este caso de llamarles apóstoles - envía a los discípulos a asumir la misión de liberación (3.14s).

Este acto de "nombrar" hace eco del momento en que Dios nombra a Moisés y Aarón (1 Sam 12.6). Cuando Jesús llama a los "doce", es una clara alusión a las doce tribus (Gn 49; Nu 1). Sin embargo, este hecho no pretende insinuar que la iglesia apostólica sencillamente tome el lugar de Israel. Al contrario, la intención de esta acción es renovar la forma original del auto-gobierno israelita: la nueva confederación.

El libro de Josué narra cómo las tribus de Israel se gobernaban a sí mismas en la Tierra Prometida, formando un tipo de confederación descentralizada, unificada bajo un pacto con Dios. Cada tribu administraba sus asuntos locales bajo el liderazgo de "jueces" políticos-militares. El erudito Norman Gottwald, en *La Biblia Hebrea: una introducción socio-literaria*, plantea que la organización social entre las tribus de Israel era fundamentalmente igualitaria y representaba una alternativa revolucionaria al poder centralizado y dominante característico de las ciudades-estados de Canaán.

Por supuesto, el experimento de Israel con la auto-determinación no duró. El libro de Jueces narra cómo las tribus cayeron en la idolatría y volvieron a asimilar la sociedad cananea. "Entonces el Señor hizo surgir jueces que los libraron del poder de los que les saquearon" (Jueces 2.16). Luego, 1 Samuel describe como la confederación sucumbió a la monarquía bajo David, un modelo de sociedad más convencional en aquel entonces, y posteriormente bajo Salomón conformó un templo-estado centralizado (cap. 1). Sin embargo, durante la dinastía davídica la tradición profética mantuvo viva la crítica hacia el poder estatal. En su libro *Anarquía y cristianismo*, Jacques Ellul señala que el escritor bíblico de las Crónicas, heredero de las críticas proféticas, representa a los reyes poderosos como idólatras e injustos, y a los reyes débiles como buenos.

Hemos sugerido que esta tradición anti-monárquica constituye el trasfondo del compromiso de Jesús por restablecer la soberanía de Dios (Mc 1.15; cap. 1). El prólogo de Marcos llama a Israel a volver a sus orígenes en el desierto y recuperar sus raíces pre-monárquicas. De hecho, cuando Jesús nombra a sus doce discípulos, hace eco del momento en que Josué nombró los líderes de las doce tribus, antes de cruzar el Jordán para entrar en la Tierra Prometida (ver Jos 3-4). Marcos pareciera presentar un argumento a favor de un regreso a la organización tribal.

Dada esta declaración de Jesús de una renovada confederación, ¡no es de sorprenderse que el próximo episodio traiga oficiales de Jerusalén para investigar, y una homilía de Jesús sobre la transformación social (3.21-29)! Tampoco debe sorprendernos que no todos los que fueron enviados en el monte permanecieron leales a la visión (por ejemplo, "Judas Iscariote, el que lo traicionó" 3.19). Más adelante Marcos nos va a contar cómo el liderazgo de este nuevo/viejo movimiento se vio continuamente tentado por los modelos de dominación prevalecientes (10.35-45; cap. 15).

Este, pues, es un momento de regeneración importante en el relato, y sigue después del rechazo de Jesús por parte de las autoridades en 3.1-6. La acción de Jesús en el monte renueva dos de las tradiciones más veneradas de Israel: el pacto de Dios con Moisés en el Sinaí y la institución de la confederación de tribus por parte de Moisés en el desierto. En este momento Jesús, portador de la antorcha de los profetas de Israel, se prepara para pasar la antorcha a sus discípulos, comisionándoles a proclamar, sanar y exorcizar (3.14s). En breve los enviará a ejercer este cargo, en un episodio de regeneración que se ubica después de otro rechazo en la sinagoga (6.1-13; ver cap. 8).

Leer Marcos 3.19b-35

En el próximo episodio, la situación del movimiento de Jesús se pone aún más crítica. En el trayecto de su camino a casa, la multitud de nuevo se aglomera alrededor de Jesús (3.20), y ahora su propia familia reclama que "está fuera de sí" y lo urge a dejar de hacer lo que está haciendo (3.21). Complicando las cosas aún más, los escribas de Jerusalén lanzan su contraofensiva (3.22ss).

En su composición literaria, la sección 3.21-35 es un "emparedado" (sándwich), una técnica favorita de Marcos en la cual se inicia una historia, la interrumpe con otra historia, y luego regresa a la primera. Esta estructura narrativa establece una relación entre los dos episodios.

A 3.20s: la familia de Jesús viene para "hacerse cargo" de él

  B 3.22-30: los escribas vienen para "ponerse frente" a él

A' 3.31-34: la familia de Jesús vuelve para llamarlo de nuevo

Marcos reconoce que las dos columnas principales de la autoridad, el clan y el estado, están colaborando para domesticar a la gente bajo el estatus quo. Vamos a tratar con cada una en su momento.

En el antiguo Mediterráneo, el sistema de parentesco determinaba rígidamente la identidad y la personalidad de los individuos. Controlaba sus posibilidades vocacionales y facilitaba su socialización en sentido global. Sin duda, la familia de Jesús quería "hacerse cargo de él", no solamente para protegerle, sino también por el bien del honor de la familia. En 3.31, luego del choque de Jesús con los escribas, quienes están haciendo sus investigaciones, los miembros de la familia redoblan sus esfuerzos por frenar a Jesús. Marcos subraya esta tensión espacialmente: al contrario de lo que esperaríamos, los discípulos y la multitud están "adentro de" la casa, mientras que la familia está "afuera" (3.32). Jesús entiende que para configurar un tejido social alternativo, se deben cuestionar las convenciones fundamentales del parentesco. "¿Quiénes son mi madre y mis hermanos?" (3.32). La conclusión de la escena viene cuando Jesús redefine "la familia" como "cualquiera que hace la voluntad de Dios" (3.35).

Mientras tanto, los investigadores oficiales que han venido de la capital hacen eco de las acusaciones de la familia, pero sin preocupación por el bienestar de Jesús:

familia	3.21	"está fuera de sí"
escribas	3.22	"está poseído"

Tanto la esfera privada del clan como la esfera pública del estado colaboran para mantener el estatus quo. Irritados por la repudiación que Jesús hace de su autoridad (1.22ss; 2.6ss), los escribas se esfuerzan por socavar la reputación de Jesús ante los ojos de la gente. Denuncian que él está en el servicio del "príncipe de los demonios". Es la estrategia predecible de los líderes políticos que se sienten amenazados: neutralizar la oposición por identificarla con el mítico demonio "enemigo número uno". En los Estados Unidos esto sería el equivalente a acusar a Jesús de ser "terrorista". Los escribas tienen que deslegitimar la práctica divergente del exorcismo por parte de Jesús que libera al pueblo para el Jubileo, y la reorganización del pueblo según las pautas de la confederación de tribus: debe ser rechazado como loco o traidor.

Es claro que en un ambiente tan polarizado, la pregunta por quién es sano va a depender del punto de vista que adoptemos, ¿el de los escribas o el de Jesús? De manera hábil, Jesús usa las mismas palabras de los escribas para argumentar contra ellos, una estrategia que él va a emplear más tarde con otros líderes de Jerusalén (11.27ss; cap. 17). Plantea un enigma que sugiere la inevitabilidad de una insurrección en un orden social corrupto (3.23b-26).

> ¿Cómo puede Satanás expulsar a Satanás?
> Si un reino está dividido contra sí mismo, ese reino no puede mantenerse en pie.
> Y si una casa está dividida contra sí misma, esa casa no puede mantenerse en pie.
> Igualmente, si Satanás se levanta contra sí mismo y se divide, no puede mantenerse en pie, sino que ha llegado su fin.

Aquí y en otros lugares en Marcos, "reino" (ver 6.23; 11.10; 13.8) simboliza el estado centralizado, y "casa" su centro simbólico, el Templo (ver 11.17; 13.34s). Así Jesús les devuelve sus palabras, identificando su orden social con Satanás.

Marcos escoge este debate para introducir la parábola como discurso emblemático de Jesús (3.23). En la tradición judía, una parábola era una historia metafórica con un sentido político poco disimulado (ver Nm 24; Ez 17; ver cap. 5). De hecho, la parábola más conocida en la Biblia Hebrea tenía que ver con un abuso del poder de parte de un rey, donde el profeta Natán desenmascara un asesinato planificado por David (2 S 12.1-15). Aquí la parábola de Jesús deja claro que su intención es provocar una transformación social profunda, al comparar su misión con la de un ladrón que tiene que "ata al hombre fuerte para arrebatarle los bienes en su casa" (3.27).

Esta llegará a ser una de las metáforas principales del evangelio. Más tarde Jesús "forzará la puerta" del Templo en Jerusalén, "echará fuera" a los verdaderos ladrones, para imponer una proscripción sobre los "bienes" de esa casa (11.15-17; ver cap. 16). Va a insistir que "no puede mantenerse en pie" (13.2) y exhortar a sus discípulos a vigilar la casa mientras espera su verdadero Señor (13.34s). Por tan inestable que pueda parecer esta metáfora de "forzar la puerta y entrar", la tradición de la venida del Señor "como un ladrón en la noche" fue una de las más duraderas en la iglesia primitiva (ver Mt 24.43; 1 Ts 5.2, 4; 2 P 3.10; Ap 3.3; 16.15).

El enigma respecto a si Satanás puede echar fuera a Satanás se responde ya que es Jesús ("el más fuerte" anunciado por Juan el Bautista en 1.8) quien tiene la intención de derrocar al "hombre fuerte" (es decir, el sistema establecido en el cual funcionan los escribas, representado por el demonio en 1.24). Parece que

Marcos ha acudido a la señal de Isaías en su oráculo: "Serán liberados los cautivos del hombre fuerte; será rescatado el botín del tirano" (Isaías 49.24s). Ahora se revela la verdadera geopolítica de la lucha apocalíptica de Jesús con Satanás (ver 1.13).

Jesús pone fin al debate al pronunciar un perdón general, subrayado por el primero de muchos dichos solemnes tipo "amen" en Marcos (3.28). Sin embargo, los que demonizan los actos de sanar y los actos que buscan la justicia quedan excluidos por definición de este perdón general (3.29s). Como lo expresa Juan Luis Segundo en "Capitalismo versus socialismo: enigma teológico": El verdadero pecado contra el Espíritu Santo es negar a reconocer, con un gozo teológico, a alguna liberación concreta que ocurra delante de los ojos de uno." Habiendo rechazado la familia domesticadora y el estado dominador, la primera "campaña" de Jesús llega a su fin.

Capítulo 5

Sembrando la esperanza
Marcos 4.1-34

El texto en su contexto

Después de su desavenencia con las autoridades escribas, Jesús nuevamente se retira al mar, esta vez para hacer una reflexión sobre el estado de su misión (4.1s). Como fruto de esta reflexión encontramos el primero de dos sermones extensos entrelazados con parábolas en Marcos (13.3-37 ver cap. 20).

Aquí Jesús ilustra la naturaleza de la soberanía de Dios con imágenes traídas de las dificultades y la sabiduría de la vida diaria de los campesinos. Estas palabras hablan con franqueza de los obstáculos a la aventura del discipulado, y animan a sus oyentes a esperar con perseverancia y paciencia.

El sermón se inicia cuando Jesús sube a un barco y termina cuando se embarca "al otro lado". Gran parte del sermón -dos tercios- está compuesto por la conocida parábola del sembrador (4.3-8) y su "interpretación" (4.14-22), con un refrán temático que exhorta al público, "¡Escuchen!" (4.3, 9, 23).

En medio de la parábola del sembrador, Jesús reflexiona sobre la naturaleza de esta parábola como lenguaje dirigido a quienes no quieren conocer la verdad (4.10-13). La última parte del sermón contiene avisos que animan a los oyentes a que no se conformen al estatus quo (4.24s), junto con dos parábolas que tienen que ver con semillas: una acerca de los medios y la otra acerca de los fines (4.26-30).

Es típico en las iglesias de Norteamérica referirse a las parábolas como "cuento terrenal con sentido celestial". Sin embargo, esto es exactamente lo que no son. Más bien, Jesús está describiendo la soberanía de Dios en los términos más concretos posibles, empleando imágenes que todo campesino comprende. El genio de las parábolas es que ofrecen escenarios reconocibles, llamando la atención de los oyentes, y luego dan giros sorprendentes para desafiar las premisas acerca de lo que es posible. Sin duda Jesús luchó mucho para explicar su visión porque era tan chocante ante el orden prevaleciente, y así mismo ante las expectativas de su público.

Para articular su visión, Jesús empieza con el suelo sobre el cual están parados, la tierra que es la fuente de su vida: "Un sembrador salió para sembrar..."

Leer Marcos 4.1-9

El cuento del sembrador describe con precisión las realidades duras de la agricultura sin sistemas de irrigación para la vida de los campesinos de Palestina. No era fácil ni para los campesinos dueños de pequeñas parcelas ni para los campesinos arrendatarios, ya que sacaban apenas lo suficiente para sobrevivir de los terrenos marginales que les habían dejado los ricos. Los ricos les habían expropiado los mejores terrenos de cultivo. La parábola pinta el cuadro conocido de un campesino esparciendo la semilla y luego esperando lo mejor, a merced de las plagas y la mala hierba, el clima y la infertilidad del suelo mismo (4.4s). No habría sido sorpresa para el público de Jesús el hecho de que el 75% de la semilla sembrada no diera fruto.

Es una imagen de la pobreza agraria. Con las escasas cosechas, el campesino tenía que dar de comer a su familia, pagar el arriendo si no tenía terreno propio, pagar sus diezmos, los peajes exigidos en el camino al mercado y los impuestos. Además debía conseguir las provisiones y herramientas necesarias y guardar semilla suficiente para volver a sembrar el siguiente año. Cuando no se producía lo suficiente, el campesino caía en la deuda, lo que significaba hipotecar el terreno para obtener un préstamo de un terrateniente rico quien, en ausencia de bancos, disponía de su capital para ofrecer préstamos con interés. Si el campesino no podía pagar el préstamo, perdía su terreno y tenía por fuerza que vender su mano de obra.

Por medio de esta dinámica los grandes terratenientes se hicieron cada vez más ricos, mientras cada vez más campesinos fueron perdiendo sus terrenos. Precisamente es la misma situación que lamenta Isaías (Isaías 5.8): "se apropian de campo tras campo, hasta que no dejan lugar para nadie más". En Marcos 12.1ss, Jesús hará alusión a este texto del Antiguo Testamento (ver cap. 18). De hecho, fue precisamente este ciclo de deuda, pérdida de terreno y servidumbre obligatoria que la legislación del Jubileo buscaba mitigar (ver cap. 3).

Llegamos entonces al punto culminante de la parábola del sembrador, el suelo "bueno" que produce una cosecha milagrosa (4.8). De hecho una cosecha abundante para un campesino de Palestina era de seis por uno. Así que "¡treinta, sesenta, y hasta cien por uno!" representa un excedente suficiente como para romper para siempre el ciclo de deuda para toda la familia, hasta para los primos, y ¡tal vez para toda una aldea! Esto se constituye en otra indicación de que la soberanía de Dios tiene mucho que ver con un Jubileo que va a erradicar la pobreza y redistribuir la abundancia--si es que tenemos los "oídos para escuchar" estas buenas nuevas (4.9).

Leer Marcos 4.10-12

En el nivel de su significado evidente, la parábola necesariamente tendría que haber motivado las esperanzas de los campesinos en medio de su desesperación. Pero, ¿era posible el escenario que presenta Jesús, o está tejiendo sueños imposibles? El próximo escenario se dirige a la inevitable incredulidad del público (4.10). Jesús admite que aún para los que le darían la bienvenida a la justicia del Jubileo, ésta seguiría siendo un "misterio", por ser tan incongruente con el sistema social y económico dominante conocido (4.11b). En cambio, los que temen una redistribución de la riqueza son "ajenos" a la misión de Jesús, y para ellos esta historia representaba una parábola chocante (4.11b).

Para explicar este último punto, Jesús apela al llamado profético de Isaías (Is 6). En este texto se comisiona a un enviado ("¿A quién enviaré?", dice el Señor en Isaías 6.8), algo similar a lo que acabamos de ver en Marcos 3.13ss. Los encargos entregados a Isaías, citados por Marcos (Mc 4.12 = Is 6.9s), frecuentemente son malinterpretados. No articulan una teología de predestinación divina, sino la imagen de un pueblo que se niega a ver las cosas como son.

Por más que un profeta insista en la verdad de un problema, menos propensa estarán las personas a aceptar su diagnóstico, porque si lo aceptan, deberán "volver y ser sanados" (Is 6.10). A lo que el pueblo se resiste es al arrepentimiento; elige la ilusión de la inocencia. Isaías, desesperado, grita "¿Hasta cuándo, Señor?" La respuesta es dura: hasta que se cumplan las consecuencias devastadoras de negar la realidad (6.11s). Sin embargo, siempre hay un "remanente" de esperanza, "la semilla santa" en 6.13. Esta semilla santa podría haber sido la inspiración de la parábola del sembrador.

Leer Marcos 4.13-23

El diagnóstico que hace Isaías del pueblo aporta un nivel de significado alegórico a la parábola del sembrador (4.13). "Ver y no percibir, oír sin entender" se une ahora a la "dureza de corazón" en Marcos 3.5 como las metáforas principales del evangelio, que sirven para iluminar el continuo rechazo a ver las cosas como son (ver 8.17s). Los enviados y las enviadas necesitan entender que la semilla de la "Palabra" jubilar (4.14) caerá sobre muchos oídos sordos antes de caer sobre oídos receptivos. Es por esto que, más tarde en la narrativa de Marcos, sanar a los sordos y a los ciegos llega a ser una metáfora del discipulado.[1]

A lo largo del evangelio, cada uno de los cuatro tipos de "suelo" que encontramos en la parábola llegará a ilustrar un punto específico. Quienes están "junto al camino", que se muestran superficiales en su compromiso (4.15), responden a la caracterización de la multitud por parte de Marcos en su evangelio. Inicialmente buscan a Jesús porque sana, pero al final esta multitud se une a las autoridades que lo condenan (15.8ss). Los que "se apartan" por la persecución son los discípulos mismos (4.16s; ver 14.27-50). El rico en Marcos 10.17-23 va a representar a aquellos para quienes el discipulado es "ahogado" por la riqueza y el privilegio (4.18s). Sin embargo, en contraste con el rico, hay esperanzas para los discípulos, porque también se les puede describir como buen suelo (4.20)—pero sólo en cuanto practiquen la redistribución de "casa, familia y tierras, cien veces" que corresponde al Jubileo (10.28-30; ver cap. 14).

Puede ser que la soberanía de Dios sea un "misterio", pero no es esotérica ni inescrutable. Para resaltar esto Jesús cierra el discurso del sembrador con la imagen de una lámpara, señalando que la intención de las parábolas es revelar, no esconder (4.21s). En momentos estratégicos de la narrativa de Marcos, las parábolas dejan en claro las lealtades de quienes se oponen a Jesús (3.23ss; 12.1ss). La primera parte del sermón, entonces, concluye con una exhortación más: "tener oídos para oír" (4.23).

---

1 En la música la nota de contrapunteo provee un contraste necesario para el conjunto de la música.

Leer Marcos 4.24-34

Quienes escuchan a Jesús luego son advertidos de que deben "tener cuidado" con las ideologías anti-Jubileo que se escuchan en el mundo, que aconsejan resignación ante la injusticia (4.24). Sin duda, el "realismo" promovido por los terratenientes ricos, que afirma que es inevitable que el abismo entre los que tienen y los que no tienen siga creciendo, fue usado para justificar a sus propios privilegios (4.25). Jesús repudia ese pesimismo, como lo había hecho otro contador de parábolas, el profeta Ezequiel (ver Ez 18.1-9).

Sin duda el público de Marcos querría saber cuándo y cómo iba a realizarse la cosecha milagrosa prometida en la parábola del sembrador. Ante el cínico "determinismo" económico, Jesús presenta la esperanza paciente del agricultor en dos parábolas más sobre la semilla

> Jesús les dijo. "El reino de Dios se parece a quien esparce semilla en la tierra." (4.26)

> También dijo. "¿Con qué vamos a comparar el reino de Dios?...Es como un grano de mostaza; cuando se lo siembra en la tierra…" (4.30s)

El sembrador "no sabe cómo" ocurre el crecimiento (4.27), porque "La tierra da fruto por sí sola" (4.28), una referencia a la cosecha del versículo 20. Jesús no aboga por una actitud pasiva, sino que reafirma la economía divina de la gracia. La sabiduría del Sábado reconoce que los seres humanos tienen que vivir dentro de los límites de la tierra en vez de buscar la manera de controlarla o hacer de ella un simple bien comercial. El versículo 4.29 le da carácter de urgencia a esta sabiduría con una alusión al oráculo profético de Joel que pronuncia el juicio divino. "Mano a la hoz, que la mies está madura" (Joel 3.13). Dios va a vindicar a los que siembran con fidelidad la justicia, a pesar de lo que parece ser el curso de la historia humana. Más tarde, en las parábolas apocalípticas del segundo sermón de Jesús, Marcos retomará la "paciencia necesaria para los que buscan una transformación social profunda" (13.28s; ver cap. 20).

Este sermón de Jesús concluye insistiendo que a pesar de todas las fuerzas en su contra, la semilla más pequeña puede echar raíces y florecer en un mundo hostil (4.30-32). De nuevo, el pasaje se enfoca en la cosecha milagrosa, simbolizada aquí por "la más grande de las hortalizas, y echa ramas tan grandes que las aves pueden anidar bajo su sombra." (4.32)

Esta imagen de ramas en que las aves pueden anidar, que se encuentra en parábolas en varias partes de la Biblia Hebrea, es una metáfora que se refiere a la soberanía política. El primer ejemplo está en Jueces, donde Jotán critica la búsqueda sanguinaria de poder por parte de Abimélec dentro de la confederación israelita (Jc 9.1-21). En la parábola de Jotán, primero el olivo y luego la higuera y la vid se niegan a abandonar sus tareas productivas para hacerse "rey". Sin embargo, el espino dice. "Si de veras quieren ungirme como su rey, vengan y refúgiense bajo mi sombra; pero si no, ¡que salga fuego del espino, y que consuma los cedros del Líbano!" (9.15).

También Ezequiel narra una parábola de un árbol como protesta contra el dominio real. En Ezequiel 17, el profeta busca persuadir a los gobernadores de Israel a mantener su fidelidad a Dios, aún cuando moren en la sombra de los "cedros altos" de los imperios en su alrededor, y los insta a resistir la tentación de forjar su seguridad por medio de alianzas militares (17.11-21). Dios promete levantar a Israel "para que eche ramas y produzca fruto y se convierta en un magnífico cedro. Toda clase de aves anidará en él." (17.23)

Una segunda parábola asume la forma de una sátira sobre el imperio Egipcio (Ez 31). Ezequiel le pregunta al faraón: "¿Quién se puede comparar con tu grandeza?" (31.2; ver Marcos 4.30). Luego recuerda al emperador de Asiria, que también "creció más alto que todos los árboles...se extendió su frondoso ramaje. Todas las aves del cielo anidaban en sus ramas." (31.5s). Sin embargo, el imperio asirio se derrumbó: "Ahora las aves del cielo se posan sobre su tronco caído." (31.13), se burla el profeta. Aquí encontramos un eco de la antigua historia de la Torre de Babel: "esto es para que ningún árbol que esté junto a las aguas vuelva a crecer tanto; para que ningún árbol, por bien regado que esté, vuelva a elevar su copa hasta las nubes." (31.14; ver Gen 11.4)

En Daniel 4 se interpreta el sueño que tiene el rey Nabucodonosor de "un árbol de altura impresionante plantado en medio de la tierra...su copa tocaba el cielo...en sus ramas anidaban las aves del cielo. ¡Ese árbol alimentaba a todas las criaturas!" (Dn 4.10ss) El profeta promete que el orgullo del imperio será juzgado y exhorta al rey a que "Renuncie a sus pecados y actúe con justicia; renuncie su maldad y sea bondadoso con los oprimidos." (4.27)

Cuando en la conclusión de su sermón Jesús alude a la tradición que incluye estas tres parábolas, ubica al sermón en un contexto anti-imperial. En la época de Marcos, Judea había vuelto a ser un pequeño estado-cliente "alimentado por los arroyos que fluían desde" el centro imperial de Roma (ver Ez 31.4). Y, dentro de Palestina, la comunidad de Marcos era una minoría pequeña y perseguida. ¿Qué opciones tenían los seguidores de Jesús contra el Templo-estado judío? ¿y contra Roma? La parábola de la semilla de mostaza propone precisamente esta desigualdad: "Todos los árboles del campo sabrán que yo soy el Señor. Al árbol grande lo corto, y al pequeño lo hago crecer." (Ez 17.24)

Con estas parábolas Jesús "les hablaba la Palabra", interpretando cuidadosamente para sus discípulos las alusiones políticas que las parábolas contenían (Mc 4.33s). Este Jesús no es un "gurú" que dispensa secretos arcanos o una teología pedante. Es un educador popular, que emplea un lenguaje que los campesinos entienden, incluyendo imágenes con las cuales pueden relacionarse desde sus propias experiencias e historias que les ofrecen la posibilidad de identificarse como sujetos de la soberanía de Dios. De esta manera siembra la esperanza entre ellos, insistiendo en que los árboles altos pueden ser rebajados y la más pequeña de las semillas *va a producir* el fruto del Jubileo.

II. El camino de la solidaridad

Meditación inicial

Es domingo de Adviento en el año 1511. Un fraile dominicano llamado Antonio de Montesinos asciende al púlpito en una iglesia techada de frondas de palmera. Su texto es, "Yo soy la voz de uno que grita en el desierto."

Al estilo de Juan el Bautista, el intrépido Montesinos lanza truenos a su congregación escandalizada. "Decid ¿con qué derecho y con qué justicia tenéis en tan cruel y horrible servidumbre a estos indios? ¿Con qué autoridad habéis hecho tan detestables guerras a estas gentes que estaban en sus tierras mansas y pacíficas, donde tan infinitas ellas, con muerte y estragos nunca oídos habéis consumido? ¿Cómo los tenéis tan opresos y fatigados, sin dalles de comer ni curarlos en sus enfermedades [en] que, de los excesivos trabajos que les dais, incurren y se os mueren y, por mejor decir, los matáis por sacar y adquirir oro cada día? ...¿No sois obligados a amarlos como a vosotros mismos? ¿Esto no entendéis? ¿Esto no sentís?..." Montesinos luego camina entre la asombrada multitud y surge un murmullo de furia: "Te denunciaremos ante el rey. Serás deportado."

Un hombre, desorientado por el discurso, guarda silencio. Hijo de un comerciante que cruzó el Atlántico con Colón en su segundo viaje, ya ha hecho su fortuna en las colonias. Es un sacerdote secular y un encomendero, Bartolomé de las Casas, dueño de esclavos, minas de oro y grandes haciendas. Ese día Bartolomé da un paso hacia un viaje de solidaridad que será mucho más exigente y peligroso que cruzar el mar.

Las Casas reflexiona sobre el libro de Eclesiástico (Sirac 34.20-22):

> *Como quien mata a un hijo ante los ojos de su padre es el que ofrece un sacrificio que procede de los bienes de los pobres. El pan de los necesitados es la vida de los pobres, y quienquiera que los despoja del pan es un asesino. Quitarle los medios de sobrevivencia al vecino es asesinar; privar a un empleado de su jornal es derramar sangre.*

A la luz de la prédica de los dominicanos y ante las realidades crueles de su alrededor, Las Casas estaba convencido, como registra Gustavo Gutiérrez en su libro En busca de los pobres de Jesucristo: El pensamiento de Bartolomé de las Casas, de que lo que los españoles le estaban haciendo a los pueblos indígenas de las Indias era "injusto y tiránico". Las Casas reconoció con horror la relación trágica entre la codicia del oro y la muerte. Le dio un giro a su vida en arrepentimiento, vendió sus haciendas y liberó a sus esclavos.

Llamado como Apóstol a los Indígenas, Bartolomé empezó un ministerio que duró toda su vida. Por casi cincuenta años abogó por el bienestar de los pueblos indígenas de las Américas. En Nicaragua y en Guatemala trabajó por una colonización pacífica, denunciando en todo momento la conquista violenta de las comunidades nativas. Además, lo que aprendió en relación con el trato injusto de las comunidades indígenas le ayudó después a percibir la violencia terrible hacia los africanos, y lo llevó al rechazo absoluto de la esclavitud. Cruzó el Atlántico muchas veces y así combinó su obra pastoral en las Américas con la de abogar por la justicia en la Corte Real de España, donde por fin logró la abolición de la esclavitud.

Cuando de anciano salió por última vez de las Américas, su regreso a España no interrumpió su actividad pastoral a favor de los pueblos de las Américas. Escribió una historia de las Américas desde la perspectiva de los pueblos indígenas, algo que facilitó que saliera a luz la tragedia de la conquista que está en el corazón de la historia de las Américas.

Bartolomé de las Casas es el padre espiritual de toda persona que ha luchado por cruzar hacia el otro lado de la humanidad. Su historia es la historia de una conversión que lo empoderó para superar las divisiones profundas en el Nuevo Mundo--divisiones de raza, clase y cultura. Ciertamente Bartolomé forma parte de la gran nube de testigos que nos acompaña en este peregrinaje desde el centro hacia los márgenes.

Capítulo 6

Desenmascarando la opresión
Marcos 4.35-5.20

El texto en su contexto

La estrategia narrativa de la primera sección de la historia de Marcos fue en primer lugar subversiva ante el estatus quo. Retrató a Jesús en lucha contra las fuerzas que deshumanizan la vida. A la vez, la primera campaña de Jesús ofreció alternativas constructivas: solidaridad con los marginados, la creación de una comunidad de discípulos, y el llamado a volver a las relaciones sociales que vivían las tribus y la práctica del Jubileo. La segunda sección principal del evangelio, que abre y cierra con un viaje por barco (4.35-42; 8.13-21), tiene como enfoque central esta tarea constructiva.

Trasfondo: la geografía simbólica en Marcos

Estudiosos del libro de Marcos han cuestionado el hecho de que en esta sección Marcos se aleja del estilo usualmente escueto de los evangelios para ofrecernos una curiosa redundancia. Narra dos cruces peligrosas del Mar de Galilea en los cuales hay tempestades (4.35-41; 6.45-53) y dos casos de alimentación de multitudes hambrientas en el desierto (6.33-44; 8.1-9). También las curaciones de Jesús están organizadas en pares (5.21-43 y 7.24-37). Además, el exorcismo del endemoniado geraseno tiene similitudes claras con el exorcismo inaugural en la sinagoga de Capernaúm (5.1-20).

Ya que hay, como señalamos al principio, una relación esencial entre forma y contenido, podemos observar mejor la estrategia narrativa de Marcos en esta sección si nos alejamos un poco del flujo cronológico de los eventos para identificar patrones generales. En la primera mitad del evangelio encontramos dos "ciclos" de ministerio que por lo general se siguen en forma paralela:

	1° CICLO	2° CICLO
Exorcismo "inaugural"	1.21-28	5.1-20
Curaciones en pares	5.22-43	7.24-37
Alimentos de multitudes	6.32-44	8.1-10
Incomprensión de panes	6.51s	8.14-21

Cada ciclo ocurre en diferentes lados del Mar. Jesús y sus discípulos van y vienen, cruzando el mar por barco. Examinemos más de cerca esta geografía.

Toda la primera mitad del evangelio de Marcos ocurre en Galilea, en el norte de Palestina. Lo que domina la geografía de esta área es el mar de Galilea, con el río Jordán fluyendo aproximadamente de norte a sur dentro y fuera de él. En 4.35, Jesús y sus discípulos se embarcan en el primero de varios viajes "al otro lado" del mar. En la narrativa, "al otro lado" quiere decir "lo que queda al este del Jordán" (ver 3.8, 10.1). Desde el punto de vista de Marcos, éste es territorio gentil, algo que simboliza todo lo ajeno y amenazante a la población judía al oeste del mar.

Hay cuatro "viajes al otro lado" en Marcos 4-8; tres veces cruzan por barco al este del mar y una vez van por tierra en un viaje largo y tortuoso hacia el noreste, a las ciudades costeras de Tiro y Sidón, una región también conocida como "ajena".

1. Primer cruce			
	Embarque	4.35s	desde cerca de Capernaúm (orilla noroeste)
	Llegada	5.1s	la región de la Decápolis (orilla sureste)
	Regreso	5.21	
2. Segundo cruce			
	Embarque	6.45	desierto, del lado judío, con destino a Betsaida (orilla noreste)
	Llegada	6.53	¿luego de un desvío por tempestad? Desembarque en Genesaret (orilla noroeste)
3. Viaje por tierra			
	Salida	7.24	a Tiro y Sidón
	Regreso	7.31	al Mar de Galilea viajando por la Decápolis
4. Tercer cruce			
	Embarque	8.10, 13	de Dálmuta (orilla occidental)
	Llegada	8.22	Betsaida (orilla noreste)

Este patrón de cruces funciona para dramatizar el hecho de que el Jesús de Marcos está decidido a traer liberación a los del otro lado también, a pesar de que ellos son "otro", no sólo en cuanto a la geografía sino también en su cultura y las realidades políticas.

Leer Marcos 4.35-41

Luego de concluir el sermón en que ha contado las parábolas de la semilla, Jesús invita a sus discípulos a embarcarse "al otro lado" (4.35). En el transcurso del cruce, viene una tempestad y el barco comienza a inundarse (4.37). Entre los discípulos hay pescadores con mucha experiencia en el mar, y ellos se dan cuenta del peligro. En un momento de alta tensión dramática, gritan a su líder durmiente. "Maestro, ¿no te importa que nos ahoguemos?" (4.38) Entonces Jesús repudia la tempestad (4.39).

Distinto del Salmo 107.23-30, a lo cual hace alusión, este episodio no termina con alivio ni con triunfo, sino con Jesús y los discípulos cuestionándose.

Jesús.	"¿Todavía no tienen fe?" (4.40)
Discípulos.	"¿Quién es éste, que hasta el viento y el mar le obedecen?" (4.41; compare con 1.27)

Luego de que Jesús calme la tempestad, ¡los discípulos se quedan más confundidos de lo estaban en medio de la tempestad! (4.41) ¿Esto se debe sencillamente a que quedan asombrados ante un milagro que altera la naturaleza, o tiene que ver más con el destino de completar este cruce? Podemos contestar tal interrogativo al ver cómo este relato del barco y su complemento en 6.45-52 responden a símbolos arquetípicos.

Marcos siempre refiere al gran lago de agua dulce como un "mar", algo que invoca las narrativas más fundamentales en la tradición hebrea: el arca de Noé, el cruce del Mar Rojo y las odas a tempestades en los salmos. Pero, más que todo, Marcos se aproxima al relato de Jonás, el profeta quien resistió su llamado a predicar el arrepentimiento a un pueblo extranjero (Jonás 1). Jonás huyó de su misión, aparentemente porque no le importaba el destino de los que sufrieron la opresión bajo la ciudad-estado imperial de Nínive (Jonás 4.11). Así Jonás, como los discípulos en este pasaje, se encontró en medio de una "gran tempestad" (1.2-4).

El viento y las olas en el relato de Marcos, como fuerzas cósmicas de oposición (ver Salmo 104.7), simbolizan todo lo que impide el esfuerzo de Jesús de "cruzar las fronteras". La mayoría de los coetáneos de Jesús vieron la enemistad entre judío y gentil como el prototipo de toda hostilidad humana. Se pensaba que la separación entre ellos era parte del "orden natural". Los relatos de cruces del mar riesgosos sugieren que la tarea de la reconciliación social no fue solamente difícil sino casi inconcebible. No es de preguntarse, pues, por qué, en el segundo episodio en un barco, Jesús tiene que obligar a los discípulos a cruzar (6.45).

Leer Marcos 5.1-13

Al otro lado se encuentra la "región de los gerasenos" (5.1). Gerasa es una de las diez ciudades en la confederación de la Decápolis. Allá, en la frontera oriental del Imperio Romano, dieron parcelas de la tierra conquistada a muchos veteranos del ejército imperial como pago por sus servicios. El hecho de que tantos exsoldados habitaran esta región explica por qué se encuentra tanta imaginería militar en esta historia.

Este es el segundo mayor episodio de exorcismo en Marcos, y se lo narra de una manera que nos hace ver que hay mucho en este relato que corresponde a aspectos de la primera confrontación de Jesús con un demonio en la sinagoga en Capernaúm (1.21-28; ver cap. 2).

Conflicto.

Capernaúm.	¿Has venido a destruirnos? = la autoridad de los escribas
Gerasa.	con insistencia le suplicaba a Jesús que no los expulsara de la región = la ocupación militar de Roma

Desafío del endemoniado

Capernaúm.	¿Qué quiere con nosotros, Jesús… Santo de Dios?
Gerasa.	¿Qué quieres conmigo…Jesús, Hijo del Dios Altísimo?

Orden de Jesús

Capernaúm.	¡Sal de ese hombre!
Gerasa.	¡Sal de este hombre…!

Derrota del demonio

Capernaúm.	el espíritu inmundo…salió de él
Gerasa.	los espíritus inmundos salieron

Reacción de la multitud

Capernaúm.	quedaban asombrados
Gerasa.	tenían miedo

Al momento en que llega Jesús, se pone frente a "un hombre con un espíritu inmundo", quien desafía su misión (5.2). Para el lector judío, el escenario sugiere una impureza profunda; según el código de la pureza, se consideraba impuros tanto al cementerio, como a los cerdos (5.11). Esta descripción se une con la manera en que Isaías caracteriza a un pueblo idólatra "que se sienta entre los sepulcros y pasa la noche en vigilias secretas; que come carne de cerdo, y en sus ollas cocina caldo impuro". (Isaías 65.4)

La manera en que Marcos describe la vida del endemoniado retrata con precisión una condición de cautividad a alguna adicción o de la internalización de la opresión: vive entre los muertos, gritando y comportándose de una manera auto-destructiva (5.3-5). El endemoniado, a quien "nadie podía atar" (5.3), porque "nadie tenía fuerza para sujetarle" (5.4), ahora está frente al "más fuerte" (ver 1.7), quien ha hecho el voto de "atar al hombre fuerte" (ver 3.27). Aquí, como en el relato del exorcismo en la sinagoga, Marcos nos informa de la protesta del espíritu inmundo, un desafío a la vez indignado y temeroso. "¿Qué quieres conmigo?" (5.7 = 1.24). Sin embargo, no se dirige a Jesús con el título judío "Santo de Dios", sino con el título helenístico "Hijo del Dios Altísimo".

En Marcos, únicamente aquí Jesús da vuelta al esfuerzo demoníaco de nombrarle (ver cap. 4). Nos quedamos asombrados al oír la respuesta que Jesús recibe cuando exige que el demonio se identifique. "Me llamo Legión, porque somos muchos" (5.9; se nota la confusión entre el singular y el plural). En el mundo de Marcos, este término del latín podría tener solamente el significado de una división de soldados romanos. Había cuatro legiones romanos destacados en Siria para controlar la frontera oriental del imperio, y Palestina estaba dentro de ese territorio. Asombrosamente, según Marcos esta fuerza militar intimidante, en realidad tan poderosa que "nadie podría sujetarla" (5.4), "suplicaba a Jesús que no los expulsara de aquella región" (5.10).

Esta historia, que puede parecer un poco rara, ofrece un retrato simbólico de la manera en que el imperialismo romano estaba destruyendo el corazón y la mente de un pueblo colonizado. Si el endemoniado en la sinagoga habló "bajo la influencia" del sistema de los escribas, entonces el endemoniado de Gerasa representa la ocupación militar romano de la tierra y de su pueblo. Que este episodio sea un tipo de caricatura política, crítica del imperialismo romano, es algo que se confirma por la terminología militar que sigue. Legión ruega que le envíe a una "manada" [*ajgevlh*] de cerdos (5.11), una palabra en griego que, por lo general, se refería a un grupo de reclutados militares. Se hace evidente aquí el sarcasmo, ya que entre los soldados romanos un culto "religioso" relacionado con cerdos tenía cierta popularidad.

Jesús les "da permiso", y la palabra griega que describe cómo se precipitaron al lago conlleva la connotación de tropas embestidas contra el enemigo en una batalla (5.13). El momento clave del humor político viene cuando la manada de Legión encuentra el mismo destino como el antiguo ejército del faraón: el mar les traga (ver Ex 14). Si el primer exorcismo de Jesús anunció que iba a desafiar el control que las élites judías tenían sobre el pueblo, ¡este episodio extiende la lucha para la soberanía de Dios hacia el imperio mismo!

Leer Marcos 5.14-20

La segunda parte de este episodio dirige nuestra atención del colonizador al colonizado. La reacción al acto liberador de Jesús es hostil; la gente reacciona con un temor inducido por lo que le ha pasado al endemoniado y a los cerdos. Pone en revés la petición de Legión; la gente ruega a Jesús que salga de su región (5.17).

Entendemos mejor su temor cuando nos damos cuenta de que, en el transcurso de esta época de luchas por la auto-determinación, Roma había respondido con campañas de contra-insurgencia, las cuales habían reducido a escombros más de una ciudad en la región de la Decápolis. Este hecho podría explicar por qué ahora no les agradece que uno de los suyos haya vuelto a "su sano juicio" (5.15). En términos políticos, este retrato atestigua el poder del estado de suprimir la oposición por medio del miedo. En términos psicológicos, nos recuerda que lo usual es que los que están sumergidos en la co-dependencia con su adicción resisten cambios en el sistema disfuncional. Tanto en lo personal como en lo político, la liberación tiene su costo, y siempre habrá algunos que no tengan ganas de asumir el riesgo.

Dado este riesgo, se comprende que el que antes fue demoníaco "ruega" acompañar a Jesús (5.18). Sin embargo, Jesús rehúsa, mandándole a regresar "a su casa y a los suyos" y anunciarles las Buenas Nuevas (5.19). ¿Quién puede ser mejor para testificar a la posibilidad de la liberación de la opresión que alguien que la conoce "desde adentro"? El hombre cuyo cuerpo fue destruido por las patologías internalizadas del imperio ahora va a proclamar las buenas nuevas a los que quedan cautivos de la política imperial (5.20).

Capítulo 7

La prioridad y el poder de los pobres
Marcos 5.21-43

El texto en su contexto

Leer Marcos 5.21-34

Luego de haber llevado liberación al otro lado, Jesús regresa al territorio "judío" (5.21). El próximo episodio de Marcos es otro ejemplo de la construcción tipo "emparedado", que envuelve una historia dentro de otra historia para obligar al lector a relacionar las dos. Este relato de dos mujeres dramatiza cómo se dio prioridad a las pobres en el ministerio de Jesús.

La primera mitad de la historia toma lugar en medio de la "multitud" (5.21, 24, 27, 31). Uno de los jefes de la sinagoga se acerca a Jesús y le pide sanar a su hija, quien, según lo que el jefe cree, está "al borde de muerte" (5.23). Jesús sale con él, y los lectores tenemos toda la expectativa que logrará sanarla. Sin embargo, en el camino Jesús se encuentra cercado por la multitud (5.24). La narrativa encuentra su punto de enfoque en una mujer cuya condición Marcos describe en detalle con una serie de cláusulas: ella ha tenido un flujo de sangre desde hace doce años; ha sufrido mucho bajo el cuidado de varios doctores; ha gastado todos sus recursos sin haberse beneficiado (5.25s). De hecho, se ha puesto cada vez peor.

Según el código judío de la pureza, hubiera sido muy inapropiado que una mujer hemorrágica estuviera en un espacio público, ¡mucho menos tocando a un "hombre santo"!; esto porque el código de la pureza dictaba que la mujer menstruando estuviera en cuarentena (lea Lv 15.19ss). Pero el enfoque de Marcos no es esto sino la manera en que los médicos aprovecharon de ella sin sanarla, dejándola en bancarrota.

Hay un contraste marcado entre la manera en que esta mujer se acerca a Jesús y la manera en que Jairo se le acerca. Jairo se le acercó de manera frontal y con propiedad, y reconoció el honor de Jesús (asumiendo una postura de inferioridad) para luego pedirle algo. En cambio, ella le alcanza de manera anónima, atrás de la multitud, buscando tocar a Jesús sin estar descubierta, y así efectuar una curación mágica. Jairo se dirige a Jesús de manera directa, como era propio de varones iguales, mientras que la mujer habla sólo a si misma (5.28). Jairo es el "jefe" tanto de su familia (habla a favor de su hija) como de su grupo social (la sinagoga), mientras que la mujer queda sin nombre y sin alguien que la acompañe. Es decir, Marcos retrata dos personajes que representan polos opuestos del espectro social.

Sin embargo, al momento en que ocurre el contacto entre Jesús y la mujer (5.29), la dinámica del poder dentro de la historia comienza a revertirse. El cuerpo de la mujer pobre es sanado, algo opuesto a las expectativas de un público judío, que hubiera esperado que la impureza de ella contagiara a Jesús por medio del contacto físico. De hecho, Marcos nos habla de una transferencia de *poder* (5.30). Tal comentario, ¿señala una transacción mágica o es una anticipación de reversiones sociales venideras?

Cuando Jesús indaga sobre lo que ha pasado, la narrativa entera, que antes estaba moviéndose hacia la casa de Jairo, se para; lo que sigue es una lucha.

Jesús.	"¿Quién me ha tocado la ropa?"
Discípulos.	"Ves que te apretuja la gente, y aún así preguntas, ¿quién me ha tocado?"

Jesús mira a su alrededor para ver quién lo había tocado.

A los discípulos, tal interrupción es algo atribuible a la multitud anónima, la cual no les importa, y no les conviene la interrupción. Sin embargo, Jesús quiere conocer el rostro humano de la pobreza.

La mujer emerge desde los márgenes de la historia para ocupar el lugar central. Ahora a ella le toca arrojarse a los pies de Jesús, algo que sugiere que ocupa un lugar igual al lugar de Jairo. Ella encuentra su voz, y "le dijo toda la verdad" – ¡sin duda su "toda la verdad" incluyó sus opiniones del sistema de pureza y del establecimiento médico! Luego Jesús reconoce que su estatus justo es la de una "hija" de la familia de Israel (5.34), y encomienda la fe que ella ha demostrado por su iniciativa persistente. De hecho, ¡la encomienda le da un estatus que sobrepasa aún el de los discípulos, quienes se han mostrado ser "sin fe"! (4.40)

Leer Marcos 5.35-43

Y, ¿qué pasa con la primera hija en este relato? Algunos siervos informan a Jairo que ya ha muerto su hija (5.35). La frase "mientras que Jesús todavía estaba hablando" funciona para traslapar las dos expresiones, como si se diera voz simultáneamente al beneficio y la pérdida.

A la mujer.	¡*Hija*, tu fe te ha sanado!
A Jairo le dicen.	Tu *hija* ha muerto. ¿Para qué sigues molestando al Maestro?

Por el hecho de haber atendido a la mujer importuna, parece que Jesús ha fallado en su tarea original. ¿Va a terminar en tragedia esta historia? Jesús no se deja ser detenido. Ignora tal "interpretación" de los eventos y exhorta a Jairo a creer. No podemos dejar de darnos cuenta de lo chocante de tal vuelta en el diálogo. ¡Jesús instruye a un líder de la sinagoga a aprender acerca de la fe de esta mujer excluida! (5.36)

Luego el escenario se traslada a la casa de Jairo. Allá el luto se vuelve mofa cuando Jesús insiste en que la niña sólo "está durmiendo" (5.39). No es que Jesús esquiva la verdad; más tarde en la historia "estar dormido" va a emerger como una manera simbólica de hablar de una falta de fe (13.36, 14.32ss; ver cap. 22). Echa fuera a los observadores y procede a levantar a la niña, ahora de vuelta a la vida (5.40-42). Los testigos están "fuera de sí con gran asombro" (5.42), una reacción que solamente ocurre una vez más en Marcos, a la resurrección de Jesús (16.8).

Este episodio retrata a Jesús obrando en la tradición del profeta Eliseo, quien levantó de la muerte al hijo de la sunamita (lea II Reyes 4.8-37). Éste puede ayudarnos a explicar por qué la historia de Marcos termina con la instrucción de Jesús de darle "algo de comer" (5.43). Así como Eliseo multiplicó panes para la gente en medio de un hambre luego de sanar al joven (lea II Reyes 4.38-44), de pronto Marcos va a contarnos cómo Jesús da de comer a las multitudes en el desierto (6.35ss; ver cap. 8).

En el arte de la narrativa, cada detalle tiene su razón de estar presente, y el hecho de que Marcos interrumpa la trama para decirnos que la niña tenía doce años sirve como buen ejemplo de esta dinámica. Durante doce años ella ha tenido una vida de afluencia, y ya está al borde de la pubertad. En contraste, la mujer había sufrido el flujo de sangre durante doce años, y es permanentemente infértil. El número 12 simboliza las doce tribus de Israel (3.13; ver cap. 4), y representa la clave para entender el significado de este par de historias. Dentro de la "familia" de Israel, tales "hijas" representan, respectivamente, las privilegiadas y las empobrecidas. Por causa de tal estado inequitativo, el cuerpo político de la sinagoga está "al borde de la muerte".

Sin embargo, antes de proceder es necesario que el camino a la curación se desvíe para escuchar el dolor de las masas. Sólo después de que la mujer excluida quede restaurada a la verdadera "filiación" puede estar restaurada la hija de la sinagoga a la verdadera vida. Esta es la fe que los privilegiados tienen que aprender de los pobres. Así esta historia muestra una característica de la soberanía de Dios, la cual Jesús volverá a afirmar cuando dice, "los últimos serán los primeros" y "el que quiere hacerse grande entre ustedes deberá ser su servidor". (ver 10.31, 43)

Capítulo 8

Suficiente para todos
Marcos 6.1-56

El texto en su contexto

Aquí Marcos altera el ritmo narrativo para darnos un trasfondo sobre cada uno de los tres "protagonistas" principales: Jesús, Juan el Bautista y los discípulos, quienes constituyen un "personaje en bloque".[1] Los tres episodios, los cuales tratan de "profetas rechazados", abren el tema central de la segunda mitad del evangelio: el costo del discipulado (6.1-6. 6.7-13; 6.14-29).

Leer Marcos 6.1-13

La serie comienza con el regreso de Jesús "a su tierra" (6.1). Será la tercera vez que enseña en una sinagoga un

1 Por un trato de "personajes en bloque" y otros temas del análisis narrativo, ver *Cómo leer los relatos bíblicos. Iniciación al análisis narrativo*, por Daniel Marguerat y Yvan Bourquin (España. Sal Terrae) 2000.

sábado (ver 1.21ss, 3.1ss), y la tercera vez que encuentra resistencia. Sin embargo, esta vez no será la resistencia de las autoridades sino de sus vecinos y parientes. Tienen sospecha de la fama de uno de sus propios, y objetan que no tiene un linaje distinguido (6.3). Por las coacciones de la nacionalidad, el parentesco y las expectativas de la familia (6.4), las cuales tienen un efecto domesticador, el "profeta sin honor" no puede efectuar cambios allí, y vuelve a su misión itinerante (6.5s).

Por segunda vez Marcos sigue un rechazo de Jesús con una historia de comisión al discipulado (ver cap. 4).

3.1-6	rechazo en la sinagoga de Capernaúm
3.13-15	Jesús llama a los discípulos y a los comisiona dos a predicar y echar fuera demonios
6.1-6	rechazo en la sinagoga de Nazaret
6.7-13	Jesús llama a los discípulos y los envía a sanar, predicar y echar fuera demonios

De manera explícita, Jesús instruye a los discípulos a llevar solamente las necesidades más básicos para viajar "en el camino" (6.8-11). Aquí a Marcos le interesa más las "reglas del juego" de Jesús que esta misión en particular, sobre la cual nos da un informe muy breve (6.12s). Esto nos sugiere que está articulando algo que será fundamental para la vida de la iglesia "apostólica", es decir, la iglesia enviada a hacer misión (en Marcos los discípulos se llaman "apóstoles" sólo en 6.30).

Así que Jesús ya ha rechazado una piedad cosmética (ver 2.18-22); el punto de este "código de vestirse" no es el ascetismo. En cambio, asegura que los misioneros tendrán que depender de la hospitalidad de la gente con quienes van a compartir el evangelio. Hecho un "desconocido en su propia casa", Jesús instruye a su comunidad a aprender a "sentirse en casa entre desconocidos". Hace una sugerencia simple y clara. Donde reciben y abrazan el evangelio, que se queden; donde rechazan el evangelio, que se vayan (6.10s). Esto disocia el evangelismo de cualquier práctica de dominación o conquista. ¡Tan diferente hubiera sido la historia del mundo si los misioneros cristianos siempre hubieran hecho caso de estas directivas!

Entremetido entre la partida de los discípulos y su regreso (6.30), encontramos el acontecimiento del destino de Juan el Bautista a manos de Herodes. Tal emparedado sugiere que el episodio trágico que sigue es también parte de las "instrucciones para el camino" que Jesús da a sus discípulos. Para predicar el arrepentimiento, uno tiene que asumir el riesgo de una persecución por parte de los poderosos.

Leer Marcos 6.14-30

La escena retrospectiva en que Marcos nos cuenta la ejecución de Juan el Bautista nos explica, aunque un poco tarde, las circunstancias que se dieron a su arresto en 1.14. Marcos nos dice que Herodes (es decir, Herodes Antipas, tetrarca de Galilea y Perea desde 4 a.e.c. hasta 39 e.c.) cree que Jesús es Juan, ya de vuelta como fantasma (6.14-16). De hecho, Herodes no está totalmente equivocado, ya que Jesús ha levantado la bandera que Juan izaba en vida. La implicación perturbadora para Herodes es que el mensaje persiste, a pesar de que se había quitado de encima el primer mensajero. De manera abrupta Marcos procede a contarnos el relato sórdido de la muerte de Juan.

El historiador judío Josefo, un contemporáneo de Marcos, escribe que Herodes ejecutó a Juan por motivos principalmente políticos: su predicación estaba poniendo en movimiento una insurrección popular. Muchos eruditos, al conocer la interpretación de Josefo, han descartado el relato de Marcos (en lo cual el rey enfrenta un dilema moral) como nada más que una leyenda piadosa. Pero, ¡el relato de Marcos no tiene nada que ver con un simple pietismo!

Primero, tenemos que darnos cuenta de que los matrimonios mixtos eran fundamentales para construir y consolidar una dinastía real. Por esto, nos damos cuenta de que la objeción de Juan al matrimonio de Herodes con la esposa de su hermano es netamente político (6.17s). Segundo, Herodes, quien era sólo medio judío, se conformaba a la ley judía solamente cuando estimaba que le era conveniente políticamente. De lo contrario promocionaba con fervor la helenización, por el hecho de que su poder provincial dependía del buen favor de Roma. Los nacionalistas judíos se resintieron ante tal política. Cuando Juan insistió que Herodes se sujetara al juicio de la Torá (6.18), estaba suscitando un tema político de alta volatilidad en la Palestina colonial.

El retrato que Marcos pinta de la corte de Herodes, llena de intriga, asume la naturaleza de una parodia (6.19s). El rey da una fiesta para la clase gobernante de Galilea (6.21). A pesar de estar reunido un grupo impresionante de líderes políticos, militares y económicos, es una joven bailarina y un voto borracho que determinan el destino de Juan el Bautista (6.22-25). Tal caricatura sarcástica de los caprichos asesinos de los poderosos hace eco de la historia de Ester y Asuero (Ester 1-7).

El entierro de Juan prefigura el de Jesús (6.29), y de inmediato Marcos regresa a la historia de la misión apostólica, algo que completa el emparedado (6.30). Por medio de entrelazar tres historias de "la verdad y sus consecuencias", Marcos sugiere que habrá un destino común para todos los que predican el arrepentimiento. Después Jesús va a anunciar que el destino de "Elías" se dará también para el "Hijo del Hombre" (9.11-13; ver cap. 12), y para sus discípulos (13.9-11).

Leer Marcos 6.31-44

Tan pronto como los discípulos regresan de su viaje de misión, Jesús les urge retirarse al desierto para reflexionar juntos (6.30s). Sin embargo, de nuevo su esfuerzo por escaparse, aún por un tiempito, falla, porque la gente sigue insistiendo en buscarles (6.32s). Jesús siente una compasión profunda hacia las multitudes que son "como ovejas sin pastor", y procede a enseñarles hasta que ya se hace tarde (6.34).

El escenario tiene una precisa similitud con el nombramiento de Josué como el líder militar de la confederación de las tribus, para que "el pueblo del Señor no se quedará como rebaño sin pastor". (Num 27.16s) Sin duda, Marcos también quiere aludir a la crítica que Ezequiel maneja de la clase gobernante de Israel como "pastores que comen del rebaño".

> No fortalecen a la oveja débil, no cuidan de la enferma, ni curan a la herida; no van por la descarriada ni buscan a la perdida. Al contrario, tratan al rebaño con crueldad y violencia. Por eso las ovejas se han dispersado: ¡por falta de pastor! (Ezequiel 34.4-5)

El profeta Zacarías también denunció a los "pastores" quienes venden su "rebaño" para enriquecerse en vez de cuidarlo (Zac 11.5). Al contrario, Jesús va a demostrar su solidaridad con "los débiles y los extraviados".

Al anochecer, los discípulos reclaman a Jesús que envíe a la gente a las aldeas cercanas para comprar comida (6.35s). La respuesta de Jesús es directa. "Que ustedes les den de comer." Mientras los discípulos quedan algo atormentados e indignados por tener que sacar de su propia bolsa lo necesario para dar de comer a estos hambrientos (6.37s), Jesús actúa. Averiguando la cantidad de comida disponible, organiza la multitud, ofrece una bendición y distribuye los panes y pescados (6.38-41). Nada "sobrenatural" ocurre aquí, excepto que "todos comieron hasta quedar satisfechos" (6.42).

Es obvio que esta historia hace alusión a la historia del maná en el desierto, la cual, como hemos visto, sirve como fundamento de la economía de la gracia del Sábado (que incluye las prácticas del Séptimo Año y el Jubileo; ver cap. 3). Además de esta historia, Marcos también utiliza los "milagros de la comida" de Eliseo que se dieron en medio de una hambruna (lea 2 Reyes 4.42-44). Esto sugiere que las dimensiones económicas del dar de comer en el desierto tienen más importancia que algún simbolismo "eucarístico". Los discípulos emprenden una resolución al dilema por medio de "la economía del mercado"; desde enviar a la gente a las tiendas de las aldeas para comprar comida, hasta calcular el total de sus monedas. En cambio, Jesús enseña una auto-suficiencia por medio de la práctica de compartir los recursos disponibles.

La historia responde al contexto histórico concreto de la mayoría de la población rural de Galilea. El hambre y la pobreza eran realidades muy difundidas entre los desposeídos por un sistema feudal de tenencia de la tierra, el cual dispuso que el campo sirviera a los intereses de la ciudad. La parábola del sembrador que Jesús contó ideaba una cosecha sin precedentes que podría romper el ciclo de pobreza, en el cual los campesinos quedaron atrapados en un servicio obligatorio (ver cap. 5). En esta comida del desierto, tal esperanza toma la forma concreta del "milagro de lo suficiente". Más tarde Jesús va a invitar a la comunidad del discipulado a abrazar este modelo económico alternativo del consumo cooperativo (10.28-31; ver cap. 14).

Leer Marcos 6.45-56

Ahora viene el segundo viaje al otro lado. Esta vez, empero, Jesús tiene que obligar a sus discípulos a entrar en el barco y navegar sin que él esté con ellos (6.45). Una vez más, encontramos a los discípulos desventurados en medio de un mar que ruge en la oscuridad, luchando contra lo que parecían vientos del infierno en su contra (6.47s). Marcos dice que fueron "torturados en su remar", pero aún así el barco estaba retrocediendo. ¿Existirá un retrato más desgarrador de la lucha del discipulado, en que tantas veces parece que estamos perdiendo terreno en la lucha contra las tempestades de la historia?

El andar de Jesús en el mar es un momento de revelación que no perciben los discípulos, pensando que lo que ven es un "espanto" (6.48s). Cuando se dan cuenta de quién es, se ponen profundamente "agitados", una palabra que sugiere que la tempestad ahora está dentro de ellos también. Por fin viene la respuesta de Jesús a su pregunta atemorizada, la cual concluyó el primer viaje en barco ("¿Quién es éste?" 4.41). Jesús se identifica como el "YO SOY" (6.50), una manera extraordinaria de invocar el nombre del Dios del Éxodo (ver Ex 3.14).

Sin embargo, los discípulos están "fuera de si" (6.51), y no logran el cruzar exitosamente (6.53). Resulta que los discípulos ya tienen la enfermedad del faraón: duros de corazón, no entienden el propósito de cruzar, una falta de entendimiento que Marcos empareja con la de los "panes" (6.52). Jesús no se detiene, y sigue adelante en su ministerio de sanar, ahora en los mismos mercados que evitaba cuando estaba en el desierto (6.53-56).

Capítulo 9

Lecciones en la inclusividad Marcos 7.1-37

El texto en su contexto

"...colocaban a los enfermos en las plazas. Le suplicaban que les permitiera tocar siquiera el borde de su manto..." (6.56). Este resumen introduce el próximo episodio, donde veremos el contraste entre el Nazareno, quien busca el contacto humano con los enfermos e impuros en la plaza, y los fariseos, quienes consideran que tales espacios públicos son tan amenazantes que "Al regresar del mercado, no comen nada antes de lavarse." (7.4)

De nuevo Jesús empieza a luchar con la coalición entre los escribas y los fariseos sobre lo que dice el código de la pureza en cuanto al tema de la hermandad de la mesa (7.1; ver cap. 3). Este episodio viene en tres partes.

7.1-5 Marcos explica los temas relevantes de la pureza;

7.6-13 Jesús responde contra-atacando la autoridad de los fariseos;

7.14-23 Jesús vuelve al tema original de la mesa compartida, y ofrece otra "parábola".

La cuestión de fondo es si la mesa va a ser un lugar donde se mantienen las fronteras entre los "de adentro" y los "de afuera", o un lugar donde se puede abrazar a las y los "de afuera". Luego de esta historia de controversia, habrá historias de dos curaciones, las cuales muestran el principio de la inclusión (7.24-30 y 31-37).

Leer Marcos 7.1-13

Parece que los discípulos rehúsan conformarse a ciertos ritos de purificación que tienen que ver con la mesa (7.2). El lavar las manos, la verdura, la fruta, los granos, y los utensilios no era cosa de la higiene; más bien, tenía que ver con la eliminación simbólica de cualquier impureza (7.3s). Estos ritos, junto con las reglas de dieta exclusivas, funcionaron políticamente (definieron la identidad étnica) y socialmente. (El estatus que uno tenía en la jerarquía de las clases sociales era reflejado en las preguntas ¿con quién uno comía? y ¿qué comía?).

El hecho de que Marcos establece este debate en relación con el "mercado" es otra cosa que nos sugiere que el debate hubiera tenido una dimensión económica en su trasfondo. A los reguladores fariseos les preocupaba la posibilidad de que la comida en el mercado hubiera quedado inpura en alguna etapa de su producción y transporte (por ejemplo, si hubiera sido sembrada el sábado o cosechada sin separar los diezmos como se debía de hacer), y buscaban la manera de controlar tal "contaminación". Muchos campesinos de Galilea resentían la presencia de los fariseos como intermediarios en los procesos de la producción, distribución y consumo de sus productos.

En términos generales, los fariseos están denunciando una supuesta falta de "lealtad al grupo" (de judíos piadosos) por parte de los discípulos, y están defendiendo su propio estatus social y económico como reguladores piadosos. Aquí su denuncia es muy específica: los discípulos no hacen caso de la "tradición de los ancianos" (7.5). La expresión "la tradición de los ancianos" se refería a un cuerpo de interpretaciones legales, las cuales, según los reclamos de los fariseos, fueron entregadas a Moisés junto con la Torá escrita, y desde aquel entonces, comunicadas oralmente hasta llegar a ellos. Jesús rehúsa reconocer la autoridad de esta ley oral, retratándola como una "tradición humana" y planteando un contraste entre tal ley y "el mandamiento de Dios" (7.8s). Luego cita un texto canónico para subrayar su punto (7.6s = Isaías 29.13). La alusión es pertinente: el oráculo de Isaías denuncia a los profetas falsos (29.10) y a la gente que "no sepa leer" (29.12), y sostiene que ¡"perecerá la sabiduría de sus sabios"! (29.14)

Luego, Jesús retoma la práctica de la ley casuística, en que se aplica la ley a un caso determinado, para ilustrar cómo los fariseos "dejan a un lado el mandamiento de Dios para mantener sus propias tradiciones" (Marcos 7.9). En 7.10, plantea que la Torá manda que los hijos cumplan con su responsabilidad de sostener a sus padres cuando lleguen a la vejez (ver Éxodo 20.12), y denuncia a los que pretenden escaparse de tal obligación por medio de pronunciar una maldición (ver Éxodo

21.17). Acusa a los fariseos de evitar esta obligación por medio de permitir que, en su testamento, la gente deje sus bienes al Templo (declararlos *corbán*, 7.11). Tal voto de dedicación tenía el efecto de congelar los bienes que uno tenía hasta que, al morir, fueron entregados a la tesorería del Templo. De hecho, tales bienes representaron una fuente importante de ingresos para el Templo. Sin embargo, Jesús plantea que el "voto" al Templo se hace una maldición sobre los ancianos (7.12), y "anula la palabra de Dios", porque esta práctica dejaba a los padres en un ostracismo financiero (7.13).

Marcos empieza este episodio estableciendo un vínculo entre los fariseos y los escribas de Jerusalén (7.1). Tal vínculo anticipa el momento en que denunciará la clase de escribas y la tesorería del Templo, reconociendo que los dos son partes de un sistema económico que explota a los pobres (12.38-44; ver cap. 19). El principio en juego aquí es el mismo que vimos en las anteriores historias de conflicto. Jesús da prioridad a los vulnerables (en este caso los ancianos dependientes) antes que las demandas de las instituciones y la sofistería de los privilegiados. De nuevo, Marcos quiere mostrarnos cómo una supuesta "piedad" puede anular la justicia.

Leer Marcos 7.14-23

Todo grupo establece fronteras o límites para determinar quién está adentro y quién afuera. Las fronteras pueden ser buenas; por ejemplo, cuando ayudan a proteger a la gente débil de una dominación por parte de gente más fuerte. Pero, aunque se cite tal función "defensiva" para justificar las fronteras, la realidad es que, con mayor frecuencia, las verdaderas relaciones del poder son lo opuesto. Las fronteras funcionan de manera que ponen una barrera entre los fuertes y los débiles, protegiendo los privilegios de aquéllos. Así mantienen la desigualdad. Jesús persistentemente desafía tales fronteras, y lo hace ahora en el asunto de la estrategia piadosa que se llama *kosher* (7.14).

"Nada de lo que viene de afuera puede contaminar a una persona. Mas bien, lo que sale de la persona es lo que la contamina." (7.15) El siguiente versículo reconoce que tal dicho muestra cierto aspecto de parábola, en el sentido de que el cuerpo físico se hace una metáfora del cuerpo político (7.17). Jesús sostiene que las fronteras sociales construidas por el código de pureza no tienen ningún poder para proteger la integridad de la comunidad. La "contaminación" sólo puede darse desde dentro de la comunidad.

El comentario editorial que Marcos inserta aquí interpreta esto como un dicho que significa que Jesús "declaraba limpios todos los alimentos" (7.19). Es decir, la dieta *kosher* ya no debía de funcionar como una frontera cultural que excluyera, que proscribiera la hermandad de mesa con los que no eran judíos. Marcos está de acuerdo con Lucas (ver Hechos 10.9-16) y con Pablo (ver Romanos 14), que era necesario eliminar tales obstáculos para facilitar los esfuerzos de los seguidores de Jesús de descendencia judía que querían construir sus comunidades cristianas junto con creyentes gentiles. En el próximo episodio, Marcos confirma esto cuando nos cuenta que Jesús da la bienvenida "a la mesa" a un extranjero (ver 7.24-37 abajo).

Como conclusión, Jesús da su alternativa: que el verdadero "sitio de la pureza" no es el cuerpo sino el corazón, lo cual, en las tradiciones de la antropología hebrea, se constituye el centro moral de la persona (7.18-20). Sigue una lista de vicios. Tres de los vicios en la lista aluden a la denuncia por parte del profeta Oseas de los crímenes públicos en Israel: robar, adulterar y asesinar (7.21 = Oseas 4.2). De esta manera, Jesús vuelve a dibujar las líneas de la identidad grupal. Se reemplaza el etnocentrismo del código de la pureza con el rigor de un auto-escrutinio ético colectivo, una propuesta radical para un judío del primer siglo.

Leer Marcos 7.24-30

Habiendo presentado un par de historias de curaciones en el territorio "judío" (5.21-43), ahora Marcos narra otro par en territorio gentil (7.24-37). Jesús viaja a la región de Tiro y Sidón, una región costeña que estaba dentro del territorio geográfico bien conocido por la sociedad judía de Palestina (7.24[a]). Las curaciones que se dan aquí sirven como lecciones de la inclusividad que se acaba de abogar.

Una mujer cae a los pies de Jesús y ruega por su hija, quien no está presente en el escenario (7.25s). La madre nos recuerda de Jairo, pero ella representa un mundo ajeno al mundo del líder de la sinagoga. Por nuestra falta de conocimiento de lo que constituía lo apropiado en la sociedad helenística antigua, no nos damos cuenta de lo escandaloso de este encuentro. En la cultura mediterránea convencional (una "cultura de honor"), hubiera sido inconcebible que una mujer, si no fuera ni familiar ni conocida, se acercara a un hombre en el espacio privado de la casa donde él estaba hospedado. Peor todavía, esta mujer es una gentil solicitando un beneficio de un judío. La descripción de Marcos es enfática: ella es "griega, sirofenicia de nacimiento". (7.26)

Que tal acercamiento constituyera una afrenta nos explica la negativa inicial por parte de Jesús (7.27), algo que podría parecer problemático a los lectores modernos. Jesús responde como cualquier varón judío normal; defiende el honor colectivo de su pueblo. Es posible que el insulto a lo cual Jesús da voz hace eco de un dicho rabínico de su época. "El que come con un idólatra es como uno que come con un perro." (Ver también Éxodo 22.31.) Sin embargo, la siguiente estipulación, "deja que primero se sacien los hijos", sugiere un tema simbólico más profundo.

El tema de comer ha recurrido todo el transcurso de esta sección narrativa (como en 2.15-28; ver cap. 3). Los discípulos viajan para hacer misión "sin pan" (6.8), mientras que Herodes da un banquete opulento (6.21). Las multitudes quedan "saciadas" por la comida en el desierto (6.36ss), aunque los discípulos no entienden "el significado del pan" (6.52). En medio de la controversia con los fariseos, dos veces se nos dice que los discípulos estaban comiendo sin haberse lavado las manos (7.2, 5; omitido en la mayoría de las versiones).

La argumentación de la mujer sirofenicia, atrevida y sorprendente, sostiene este motivo: "Sí, Señor, pero hasta los perros comen debajo de la mesa las migajas que dejan los hijos". (7.28) El hecho de que ella se atreviera a responderle de esta manera ponía en tensión cualquier sentido de buen protocolo, tanto que éste había llegado al punto de quebrarse. Aún así, ella sólo está defendiendo los derechos de su pueblo de "sentarse a la mesa".

Con todo, se encuentra el verdadero impacto en la conclusión de la historia. En todo el resto del evangelio de Marcos, es Jesús quien se sobrepone a sus oponentes en los momentos en que hay replicas con viveza. Sin embargo, ¡Jesús le concede el argumento! "Por haberme respondido así, puedes irte tranquila; el demonio ha salido de tu hija." (7.29)

Con el fin de ser inclusivo, Jesús ha permitido que una mujer gentil afrente severamente su estatus privilegiado de ser un varón judío. Así, afirma Marcos, los judíos tienen que permitir que su identidad colectiva sufra la "indignidad" (desde la perspectiva de una cultura de honor) de ver sus fronteras sociales tradicionales abiertas, dando la bienvenida a los gentiles. Así como la orden de Jesús en 5.43 anticipaba el dar de comer a las multitudes en el lado "judío" del mar, también esta historia prefigura el dar de comer a las masas del lado "gentil" (8.1ss). Ambos los "hijos" y "los de afuera" se han quedado llenos hasta estar satisfechos (el verbo es el mismo en 6.42, 7.27 y 8.4, 8). No solamente "toda comida es limpia" (7.19), sino también todas y todos están bienvenidos a la mesa.

Leer Marcos 7.31-37

Marcos anticipaba que tal mensaje radical caería sobre oídos sordos. Así, no es por casualidad que, luego de que "habla" de su principio de inclusión en 7.14ss y "muestra" este principio en 7.24ss, lo que sigue es un episodio en el cual Jesús sana a un gentil que ni puede hablar ni oír. De hecho, se ubica este episodio en el momento de concluir un viaje hacia el sureste que abraza simbólicamente todo el territorio gentil alrededor de Galilea (7.31).

La curación hace eco de muchas otras curaciones en la primera mitad del evangelio, como si Marcos quisiera "dar un resumen" de la misión compasiva de Jesús. El episodio se da en la Decápolis, el lugar donde antes Jesús había liberado al endemoniado geraseno de Legión (5.19). En el transcurso del episodio, como ya se había dado con la mujer con flujo de sangre (5.25ss), Jesús pone en revés el código de la pureza cuando le pone los dedos en los oídos y le toca la lengua con saliva al hombre sordo y mudo (7.33; ver Lv 15.8). Luego, como ya se había dado en el caso de la hija de Jairo, se emplea una palabra aramea (7.34; ver 5.41). Al fin, como ya se había dado con el leproso (1.41ss), quedan ignoradas las advertencias de Jesús contra la publicidad (7.36).

El Jesús que quiere incluir a todos puede hacer "oír" y "hablar" hasta a los gentiles (7.37; ver Isaías 35.5s), pero pronto vamos a ver que sus propios discípulos siguen siendo sordos (ver 8.18). Tal ironía empieza a dar un nuevo enfoque a esta narrativa de la verdadera misión de Jesús, el de sacar a la gente de su resistencia o negación y llevarles al discipulado.

Capítulo 10

¿Ya comprendemos? Marcos 8.1-21

El texto en su contexto

Leer Marcos 8.1-12

Habiendo allanado el camino a la hermandad de la mesa inclusiva, ahora Marcos narra una segunda historia de dar de comer en el desierto, esta vez en territorio "gentil" (ver 7.31). Aunque más breve, este episodio reitera los temas esenciales del primero (ver cap. 8). De nuevo, Jesús se conmueve por el apuro de la multitud. "Si los despido a sus casas sin haber comido, se van a desmayar por el camino." (8.3) Parece que aquí Marcos alude al Salmo 107: "Vagaban perdidos por parajes desiertos, sin dar con el camino a una ciudad habitable. Hambrientos y sedientos, la vida se les iba consumiendo." (107.4s)

Sin embargo, una vez más los discípulos responden según las coacciones del sistema económico dominante. "¿De dónde se puede conseguir suficiente pan para dar de comer a todos en este desierto?" (8.4) Una vez más Marcos plantea una alternativa. Jesús determina la cantidad de pan disponible y organiza a los discípulos para "pasar la voz" a la gente, animándoles a compartir (8.5s). Y una vez más el resultado es que "todos quedaron saciados", y sobraba (8.8). En verdad, había más que suficiente para los "niños" así como para los "perros". Luego Jesús completa el circuito, regresando a Dalmanuta, al lado "judío" del mar (8.10).

Dado que tal compartir extraordinario se había dado, entre los de adentro y los de afuera, no debe sorprendernos que los fariseos vuelvan a aparecer, esta vez para "discutir" con Jesús y "ponerle a prueba" (8.11). Su demanda, que les revele "una señal del cielo", inicia el primer epílogo interpretativo de Marcos. Por medio de este epílogo, Marcos invita al lector-oyente a repasar los símbolos de la primera mitad de su evangelio.

Cuando Jesús rehúsa dar una señal a "esta generación" (8.12), esto nos da a los lectores una señal importante de cómo debemos leer esta historia. La demanda de los fariseos es irónica, dado el hecho de que recién Jesús acaba de re-presentar la gran señal-historia del Éxodo: el maná en el desierto. Aquí la lección es que los verdaderos indicadores de la soberanía de Dios no son del cielo sino de la tierra. En Marcos, "señales y presagios" no son confiables para discernir el verdadero significado de la historia (ver 13.22), y el único espectáculo "del cielo" que va a ver "esta generación" será el adviento del Hijo del Hombre (8.38s; ver cap. 11)

Leer Marcos 8.13-21

Marcos ya ha señalado que los discípulos son "duros de corazón", porque "no habían comprendido lo de los panes" (6.52). Este asunto misterioso es el enfoque del tercer y último viaje por barco, cuando Jesús embarca una vez más al "otro lado" (8.13). Sin embargo, este viaje no involucra ni tempestad ni rescate – sólo una conversación acerca del pan. La advertencia de Jesús acerca de "la levadura de los fariseos y la de los herodianos" es la segunda señal en el epílogo interpretativo de Marcos (8.15). Aquí se refiere a dos grupos poderosos aliados en contra de su campaña de justicia e inclusión (ver 3.6). Se plantea una oposición: A un lado se encuentra el esfuerzo del movimiento farisaico de dar fuerza a sus exclusiones con base en el código de pureza. Al otro lado está el compromiso de la comunidad del discipulado con una hermandad de mesa abierta. Las élites gobernantes herodianas tienen otra postura. Promueven la asimilación a la cultura greco-romana y una colaboración con Roma (ver 12.13-17), pero neutralizan a cualquier persona que critique su soberanía (como pasó con Juan en 6.14ss).

Tal "levadura" amenaza el "pan", lo cual se constituye la tercera señal. Aquí el tema tiene que ver con una distinción entre el singular y el plural de los sustantivos; por esto, nos ayudará una traducción literal del griego.

> A los discípulos se les había olvidado llevar comida, y sólo tenían con ellos un pan en la barca... (8.14)
>
> Ellos comentaban entre sí..."no tenemos panes." (8.16)
>
> ...Jesús le dijo, "¿Por qué están diciendo que no tienen panes?" (8.17)

Ahora Jesús empieza a interrogar a los discípulos – y al lector - si han entendido el significado del simbolismo involucrado en sus acciones.

Se pone en duda la habilidad de los discípulos de comprender: tienen corazones duros, ojos ciegos y oídos sordos (8.17s). El realismo de Isaías (ya citado en 4.11s), de que "los de afuera" resistirían el evangelio del Jubileo, ahora se aplica también a "los de adentro". Agregando otra referencia, Marcos hace alusión a la censura de Israel por parte de Moisés por haber fallado en reconocer las "señales" que Yahvé les había dado (ver Dt 29.2-4); los fariseos también fallan en reconocerlas. Igual como Moisés, Jesús exhorta a los discípulos a "recordar" (8.18; ver Dt 32.7).

Aquí también se ve una señal de Marcos al lector. Mientras Jesús reitera las señales que consisten de números simbólicos, Marcos le está animando a repasar la narrativa (8.19s). Los cinco panes y doce canastas sobrantes de la primera comida en el desierto representan el mundo judío (cinco libros de Moisés, doce tribus de Israel). Las siete canastas de pedazos de pan sobrantes en la segunda comida simbolizan la inclusión del mundo gentil (en la numerología judía siete era el símbolo de ser completo). Además, para comunicarse con toda claridad, Marcos emplea distintos términos para "canasta"; en la primera historia de comida emplea un término judío y en la segunda un término griego. "¿Todavía no entienden?" (8.21) Es como si Marcos nos estuviera avisando que no debemos proceder a leer el resto de la historia hasta que hayamos comprendido correctamente el "significado de los panes". En el doble ciclo de Marcos 4-8 se han explicado más las implicaciones sociales, económicas y políticas de la práctica del Jubileo que Jesús aboga. Sólo hay "un pan", alrededor del cual la iglesia es llamada a reunirse, y éste simboliza suficiente para todos.

¿Vemos? En el realismo del evangelio de Marcos, es más probable que la respuesta sea "no". Su retrato de los discípulos nos muestra cómo la falta de comprensión puede volverse un antagonismo (ver 8.32), y al fin una defección (ver 14.50). Sin embargo, Marcos va a abrir la segunda mitad de su historia con una acción que simboliza la esperanza: la curación de un ciego (8.22-26). Luego Jesús abandona de manera abrupta los escenarios de barco y mar, y se encamina en el viaje más atrevido y peligroso de todos: la marcha larga a Jerusalén.

III. El "catequismo" del discipulado

Meditación inicial

(Una entrada al diario de una de los autores) Negarse a uno mismo. ¿Qué quieres decir con negarse a uno mismo? ¡No! Yo digo VIVE. ¡Marcos, lo entendiste mal! La vida, cada partícula de ella, fue creada buena. ¡La aplastarías con siglos de "negarse a uno mismo"!

Sí, yo me he "negado a mí mismo", de una manera profunda y mal dirigida, casi hasta la muerte. Y una voz dentro de mí me dijo, "Hermana preciosa, vive". Esta es una voz real, clara y dulce y fuerte. No me equivoco al conocer esta voz que es la Luz, para ser la Vida, que es Dios. El Dios que me estoy haciendo oír no me dice que me niegue a mí misma.

¿Y que hay de aquellas personas que corren tras "comprar cosas", y "lucir bien", y "poderío militar", y "ser mejor que"? Si todos aprendiéramos a escuchar la voz de Dios que nos dice "vive" en lugar de estar construyendo castillos plásticos, entonces el mundo no conocería la agonía en la que se retuerce. De eso estoy segura.

Sin embargo, hay verdad en lo que tú dices, Marcos. Un colega nos contó una historia sobre su visita a Soweto, Sudáfrica dos años antes de que la institucionalidad del apartheid terminara. Un pequeño grupo de personas de raza negra que vivían en Soweto, junto con un grupo pequeño de personas de raza blanca de Johannesburgo, habían formado una iglesia en Soweto. Ellos adoraban juntos, buscando la reconciliación. Mi amiga decía: "Ambos, las personas blancas y las personas negras, estaban conscientes que podrían pagar por esto con sus propias vidas". Entonces, para ellos, Marcos, tu historia suena a verdad. Ellos se estaban negando a sí mismos, tomando la cruz, y siguiendo…

Quizás la respuesta es que en algunos contextos, por ejemplo en esta iglesia reconciliadora en Soweto, para seguir a Jesús se requiere el negarse a uno mismo y tomar la cruz; pero en nuestro contexto, donde las circunstancias no son tan brutales, el seguimiento significa otra cosa. No, esta idea no se sostiene. También en nuestras tierras nuestros hermanos y hermanas son asesinados por la pobreza, las madres pierden a sus hijos en manos del racismo, la gente está asfixiada con carteles y anuncios publicitarios, se cierran las fabricas, violencia y sexo es inyectado en los programas televisivos. Ciertamente vivimos en una cultura no menos rota y cruel que la de Jesús, para quien vivir de una manera diferente lo llevó a la tortura y a la muerte.

Marcos, también sé que estás en lo cierto de una manera más personal. ¿Cuándo mi vida ha sido más clara, más verdadera, más intensamente centrada? En tiempos de un profundo darse, incluyendo el arriesgar mi vida. ¿Hay algo significativo acerca de negarse a sí mismo por amor y no por obligación? Ser un discípulo en el contexto de Jesús significa no sólo seguir el ejemplo del maestro, sino también tener un compromiso de amor con el que supera todos los otros compromisos. ¿Quizás aquí yo echo un vistazo?

Sin embargo, Marcos, todavía sigues siendo una paradoja. (Quizás si te acepto como una paradoja, en lugar de estar hambrienta por una resolución, te escucharé más claramente). La paradoja es que yo también conozco la vida verdadera y más clara en tiempos de simple intimidad. Mi corazón canta y mi alma danza en espacios en donde se toca profundamente a otros, tiempos en los que no me niego a mí misma y tomo la cruz, sino que son tiempos en los que disfruto la maravilla de la vida simple y el amor, cuando me despliego y nada más profundo dentro de mí o dentro de otro. Estos dos son tiempos de conocer a Dios.

Es buscando en mi vida de esta manera que lo encuentro. Y creo que los ángeles se gozan con Dios en esos tiempos. En la búsqueda de mí debajo de la basura que ha sido acumulada, dejándome cantar la canción de amor y libertad, la cual es dada a todas las criaturas, en esto yo encuentro vida. Y el gozo de Dios.

Capítulo 11

El segundo llamado al discipulado
Marcos 8.22-9.1

El texto en su contexto

Ya hemos recorrido la mitad de la historia de Marcos. La primera mitad se inició anunciando un "Camino" (1.2), y se cerró con una pregunta dirigida a los discípulos y al lector: "¿Todavía no entienden?" (8.21) La segunda mitad se abre "en el Camino" (8.27), y con otra interrogativa más: "¿Quién dicen que soy yo?" (8.29a)

¿De veras conocemos quién es Jesús, y sus propósitos? Es chocante descubrir que aquí se pide silencio frente a la respuesta "correcta" de Pedro (8.29s). Lo que sigue es una "crisis confesional" (8.30-33) y el segundo llamado de Jesús al discipulado (8.34ss). Juntos los dos representan el apoyo sobre el cual todo el evangelio mantiene su balance. Aquí es donde la tesis de Marcos se revela con máxima claridad: el discipulado no tiene que ver con la ortodoxia teológica, sino con el Camino de la Cruz.

Hay tres "predicciones" que interrumpen a intervalos esta sección, en las cuales Jesús habla de su inminente detención, juicio y muerte en las manos de las autoridades (8.31; 9.31; 10.33s). Luego de cada presagio, Marcos nos señala que los discípulos no han comprendido. Arroja tres ciclos de enseñanza; cada cual gira alrededor de una antítesis paradójica:

> "...el que quiera salvar su vida, la perderá..." (8.35)
>
> "Si alguno quiere ser el primero, que sea el último..." (9.35)
>
> "...el que quiera hacerse grande entre ustedes deberá ser su servidor..." (10.43)

En todo el evangelio de Marcos, cuando Jesús emplea la expresión "todo aquel", esta funciona para apelar al público, como si hubiera un espacio en blanco, y somos desafiados a llenarlo con nuestro nombre. ¡Esta es una historia interactiva!

Este triple ciclo tiene un carácter catequético, en el sentido de que constituye un tipo de "escuela del camino". La escuela funciona en el transcurso del viaje de Jesús y sus discípulos, desde el extremo norte de Palestina hasta llegar a las afueras de Jerusalén.

Geografía	Presagio	Falta de comprensión	Enseñanza
1) Caesarea de Filipo	8.31	8.32s	8.34ss
2) Galilea a Judea	9.31	9.32-34	9.35ss
3) a Jerusalén	10.32-34	10.35-37	10.39ss

Se va a explicar el "Camino de la Cruz" por medio de lecciones positivas y negativas. Dos historias en que ciegos reciben la vista, en Betsaida (8.22-26) y en Jericó (10.45-52), dan un marco a tal catecismo.

Leer Marcos 8.22-26

La primera mitad del evangelio concluye con la deprimente nota de que las "facultades de percepción" de los discípulos (sus ojos, oídos y corazón) les han fallado (8.18-20). No es por casualidad que la segunda mitad abre con la historia de la curación de un ciego, la cual constituye la "contra-narrativa" a la "ceguera y sordera" de los discípulos.

Jesús sana un hombre sordo y mudo (7.31-37);

Jesús sana un ciego (8.22-26);

Jesús echa fuera un espíritu sordo y mudo (9.14-29);

Jesús sana un ciego, quien le sigue (10.46-52).

Estas últimas cuatro curaciones sugieren que, si Jesús puede "hacer oír a los sordos y hablar a los mudos" (7.37) y ayudar a los ciegos a "ver con claridad" (8.25), pues, hay esperanza para los discípulos.

"¿Puedes ver algo?" (8.23) Tal pregunta por parte de Jesús tiene ecos proféticos. "¿Qué ves?" pregunta Dios en Amos 8.2 y el ángel en Zacarías 4.2. Ahora "la vista" emerge como una metáfora central para la fe en el evangelio de Marcos. La restauración parcial (la cual simboliza el estado de confusión de los discípulos) requiere un segundo toque por parte de Jesús (8.24s).

Esta curación en dos etapas sugiere que ahora el lector debe tratar de comprender la segunda parte de la historia de Marcos para "ver las cosas con más claridad".

Leer Marcos 8.27-33

Desde el primer episodio en que Marcos nos cuenta de una tempestad, el tema de la identidad de Jesús se ha quedado presente en el trasfondo de lo ocurrido (4.41). Ahora Marcos se dirige a tratarlo directamente. La percepción de Jesús por parte del público tiene sus paralelos con las tres malas interpretaciones en cuanto a Juan, de los cuales se informó anteriormente (6.14-16). Ahora, cuando se pide a los discípulos su opinión, Pedro aclama a Jesús como "Mesías" (8.29).

Aquí, por primera vez desde el título que Marcos da a su historia en el primer versículo del capítulo 1, encontramos este término, el cual cargaba tanto peso político. En la Palestina del primer siglo, muchos judíos entendían el Mesías como una figura tipo rey, quien iba a restaurar las fortunas políticas de Israel en aquel día. Basados en el título del evangelio, y la centralidad de esta confesión de la iglesia acerca de Jesús como Mesías/Salvador, es muy probable que demos nuestra aprobación a tal identificación por parte de Pedro. Sin embargo, a desazón nuestra, de inmediato Jesús calla a Pedro (8.30), ¡como si fuera un demonio más tratando de "nombrar" a Jesús! (ver 1.5, 3.12) Luego, con la frase "Jesús comenzó a enseñarles que era necesario que el Hijo del Hombre sufriera muchas cosas...", la historia toma una nueva dirección (8.31).

Algunos conservadores han usado tales predicciones por parte de Jesús como prueba de que tenía una clarividencia divina, y algunos liberales las han descartado como retoques de una interpretación teológica posterior. Los dos no logran entender lo que Marcos quiere comunicar. Al decir "es necesario" [dei', 8.31], Marcos quiere apuntar que aquellos que persiguen la justicia del Jubileo inevitablemente entrarán en conflicto con los poderes dominantes. Además, Marcos está adelantando el hecho de que Jesús no entrará a Jerusalén como un líder militar triunfante, sino que recibirá la pena de muerte de parte de las autoridades. Esto subvierte el "guion" mesiánico esperado, reemplazándolo con lo que podríamos llamar el "guion profético". En la segunda mitad del evangelio, en momentos claves Marcos va a dirigir nuestra atención a este guion: lo siguió Juan; lo va a seguir Jesús (ver 9.12s) y así también lo harán los discípulos fieles (ver 13.9-13).

Antes, en la historia del primer presagio (2.20, 28; ver caps. 2 y3), el término "Hijo del Hombre" ya había remplazado el término "Mesías" para referirse al líder que desafió el sistema de la ley de la retribución y restauró la tradición sabática del Jubileo. El "Hijo del Hombre" es un nombre derivado de la visión apocalíptica de Daniel 7, la cual provee la clave para entender el segundo llamado al discipulado por parte de Jesús (ver abajo).

"Y habló de esto con toda claridad." (8.32) Sin embargo Pedro, junto con la mayor parte de la cristiandad posterior, se rehúsa aceptar tal nueva visión del significado del término Mesías. El intercambio verbal aumenta hacia una serie de reproches bruscos, los cuales terminan cuando Jesús "contra-nombra" a Pedro (8.32s).

Pedro: Jesús es el Mesías.
Jesús calla a Pedro.
Jesús: El Hijo del Hombre tiene que sufrir.
Pedro calla a Jesús.
Jesús vuelve a callar a Pedro.
Jesús: Pedro se afilia con Satanás.

¿Qué es lo que hizo el pobrecito Pedro para merecer tal denuncia? El problema es que Pedro sigue leal al guión mesiánico tradicional, el cual afirma el "mito de la violencia redentora", en el cual el héroe vence al enemigo por medio de su superior y "justa" fuerza (ver Wink, 1992; Bailie, 1995; Beck, 1996). Con tal mentira, la más antigua, Satanás ejerce dominio sobre la historia, cuando las naciones y los pueblos invocan a Dios mientras destruyen a sus enemigos con sus "guerras justas" y sus cruzadas. Contra esta mentira, se pone en contraste la estrategia del Hijo del Hombre de transformación social sin violencia, la cual entiende que el enemigo es la violencia misma.

Leer Marcos 8.34-9.1

El primer llamado de Jesús al discipulado invitó a la gente a "dejar" sus lugares en el orden social y económico prevaleciente y "seguirlo" a él en reclamar la visión del Jubileo y la soberanía de Dios (ver cap. 1). Ahora, el segundo llamado articula las consecuencias políticas de tal práctica (8.34). La invitación de Jesús inicia donde hay un alto en el cruce de palabras con Pedro.

"Aléjate de mí..." (8.33)

"Si alguien quiere seguirme..." (8.34)

Aquí se estipulan dos condiciones del discipulado: "que se niegue a sí mismo y lleve su cruz...".

En la Palestina del primer siglo, la cruz no era un ícono religioso, ni "llevar tu cruz" una metáfora referente a alguna angustia personal. La crucifixión tenía solo una connotación: era la forma malévola de dar la pena de muerte, reservada por la Roma imperial para los disidentes políticos. Ver las cruces fue algo común cuando Marcos escribió, porque Palestina estaba en medio de una insurrección judía. En contraste con los nacionalistas judíos, quienes estaban reclutando patriotas para "llevar la espada" contra Roma, el Jesús de Marcos invita a los discípulos a "llevar su cruz". En vista de esto, no se debe entender la retórica de "negarse a sí mismo" en términos de un ascetismo privado, sino en el contexto de un juicio político. En un mundo donde sólo el César reclamaba señorío, admitir la lealtad a la "soberanía de Yahvé" cuando se estaba sometido a una interrogación por parte de las fuerzas de seguridad del estado resultaría en una denuncia por subversión. Negarse a sí mismo tiene que ver con opciones políticas costosas.

Luego, Jesús vuelve a plantear el asunto de una manera un poco distinta. Si alguien se esfuerza en "salvar su vida" por medio de negar a Jesús y su proyecto del Jubileo (y así "se avergüenza de mi y mis palabras", 8.38a) aquel perderá la vida verdadera (8.35). Al inverso, la persona que vive y muere "por mi causa y por el evangelio" verdaderamente experimentará la "vida". En la narrativa de Marcos, se yuxtaponen estas dos opciones de una manera dramática. Pedro va a "salvarse a sí mismo" en el patio del palacio, pero luego de negar a Jesús se descompone (14.66-72). Al costado, en la sala de tribunal del palacio, Jesús va a identificarse como el Hijo del Hombre (14.55-65), y, como consecuencia, "llevar su cruz" (15.25).

Luego, Jesús plantea una metáfora económica: si, al costo de la apostasía, se preserva a uno mismo, esto representa una mala inversión, no una "ganancia" sino una "pérdida" (8.36s). Más tarde vamos a ver que Judas "se vende" por unas monedas (14.11) al costo de su alma (14.21). Así, son tres veces que Jesús reitera que no se calcula la "ganancia" y la "pérdida" según la cultura dominante. Desafortunadamente, la mayoría de cristianos han fallado en experimentar el misterioso cálculo de la no-violencia de Jesús.

Jesús cierra su homilía invocando una visión diferente de la justicia (8.38). La exégesis tradicional ha interpretado este versículo pensando en términos de la "Segunda Venida" de Jesús, en la cual él va a asegurar la última victoria (se supone por violencia). No obstante, se encuentra la clave para entender este escenario en la visión de un tribunal del cielo en Daniel 7.

Trasfondo: el "Hijo del Hombre" de Daniel

El libro de Daniel es un manifiesto de la resistencia judía, escrito unos dos siglos antes de la época de Jesús y Marcos. Fue escrito en medio de persecuciones de parte del tirano helenístico Antíoco IV Epífanes. La primera mitad del libro de Daniel nos ofrece historias de héroes (Daniel 2-6). La segunda cambia a otro tipo de género literario (la narrativa apocalíptica) para apuntar a lo mismo. La apocalíptica fue un tipo de literatura popular, altamente simbólica, que empleaba visiones del cielo e intérpretes angelicales para ofrecer un comentario disimulado sobre eventos políticos actuales.

Las visiones apocalípticas, comúnmente mal interpretadas por los lectores modernos como predicciones del futuro; más bien abren paso a otra dimensión de la historia: el punto de vista de Dios. El dualismo apocalíptico requiere que tengamos una visión dual de la realidad, para criticar "esta época" desde la perspectiva de la "época venidera". De hecho, estos dos espacios co-existen; sólo necesitamos los "ojos para ver" ambos.

Leer Daniel 7

Primero, el profeta "ve" gobernantes opresivos (las "bestias" de Daniel 7.2-8), quienes persiguen a los judíos (7.19-25). Pero los ojos de fe revelan lo que realmente está pasando ("Mientras yo observaba esto…" 7.9). En el centro de la visión hay un escenario de tribunal en que el "Anciano de Días" juzga las bestias (7.9-12, 26s) y entrega la verdadera autoridad a los "santos" (7.18). Se dicta la sentencia a favor del "Hijo del Hombre", quien entra "por las nubes del cielo" (7.13). Esta será la imagen que Marcos emplea en su evangelio (ver Marcos 14.62).

Las visiones apocalípticas de Daniel aseguraban a los judíos perseguidos que se encontraban procesados en los tribunales helenísticos, que había un "tribunal superior de verdadera justicia", en el cual se reivindicaba a ellos aún cuando Antíoco les estaba condenando. Marcos adopta tal perspectiva apocalíptica "bifocal" de Daniel: no hay solo un tribunal en que se encuentra el creyente, sino dos. Ser absuelto ante los poderes es para sentir "vergüenza" en el tribunal del Hijo del Hombre, y viceversa. ¡Esto explica cómo Marcos puede presentar al Hijo del Hombre simultáneamente como procesado (8.31) y como fiscal (8.38)! La fe apocalíptica no solo da sentido al sufrimiento de los que buscan la transformación social sin violencia, sino también le da una eficacia misteriosa: Morir (en vez de matar) en la lucha por la justicia en medio de los procesos de la historia lleva adelante la reivindicación vislumbrada en el tribunal del cielo.

Esto también nos ayuda a entender la promesa con la cual Jesús concluye su discurso, que "algunos de los aquí presentes no sufrirán la muerte sin antes haber visto la soberanía de Dios llegar con poder" (9.1). Como veremos (cap. 24), esto hace alusión al "tercer momento apocalíptico" en Marcos, el momento de la crucifixión de Jesús. Solamente la fe apocalíptica nos puede ayudar a ver que, en el mismísimo momento en que parece que los poderes han triunfado, el poder no-violento de Jesús ha comenzado a desenredar la soberanía por la cual ejercen su dominación.

Capítulo 12

De la visión al no poder hacerlo
Marcos 9.2-29

El texto en su contexto

Leer Marcos 9.2-8

Inmediatamente después del segundo llamado al discipulado, éste es confirmado por medio de la visión de la Transfiguración. El escenario de este episodio ("seis días después Jesús...los llevó a una montaña alta" 9.2) nos recuerda una de las historias fundacionales del Éxodo de Israel.

El Señor le dijo a Moisés. "Sube a encontrarte conmigo en el monte, y quédate allí. Voy a darte las tablas con la ley y los mandamientos que he escrito para guiarlos en la vida." Moisés subió al monte de Dios...y la gloria del Señor se posó sobre el Sinaí. Seis días la nube cubrió el monte. Al séptimo día, desde el interior de la nube el Señor llamó a Moisés. (Éxodo 24.12-13, 16)

La transfiguración representa el segundo "momento apocalíptico" en la narrativa de Marcos. Tal como un hombre en ropa espléndida explicó las visiones de Daniel (Daniel 10.5ss), aquí también el grupo de los discípulos más cercanos a Jesús le ven en ropa brillante, el símbolo apocalíptico del martirio (ver Apoc. 3.5, 18; 4.4; 6.11; 7.9, 13).

Aquí se retrata a un Jesús en medio de una consulta con dos de los grandes héroes de Israel: Moisés, quien representa la Ley, y Elías, quien representa a los profetas (9.4). Tal vez están dando ánimo a Jesús, tal como la voz de Dios exhortó a ellos mismos en momentos de desánimo. Moisés, rechazado una vez por su propio pueblo, tuvo que volver a ascender el monte; de allí regresó con su rostro transfigurado (lea Éxodo 34.29-35). También se dijo a Elías, huyendo de las autoridades, a las cuales había desafiado, "Sal y preséntate ante mí en la montaña..." (1 Reyes 19.11). Allí Dios le exhorta volver a la lucha (lea 1Reyes 19).

Mientras, por segunda vez Pedro malentiende las cosas (9.5). Todavía operando dentro del marco intelectual de la tradición y el triunfalismo, quiere institucionalizar el momento por medio de establecer un "tabernáculo" para los tres líderes. Aunque fuera ya muy antiguo el impulso a construir algún objeto cultico para expresar la admiración que uno siente, queda claro que Marcos lo desaprueba (9.16). Por esto, Pedro queda desafiado de nuevo, esta vez por la voz divina misma.

La primera vez en la narrativa de Marcos que intervino una voz desde una nube ocurrió al bautismo de Jesús (1.11; ver cap. 1). Ahora se encomienda el mismo testimonio a los discípulos en su estado despistado:

"Éste es mi Hijo amado" (9.7). Ojo, aquí se específica que el segundo llamado al discipulado por parte de Jesús recibe respaldo: "¡Escúchenlo!" La conclusión del episodio subraya la confiabilidad de la enseñanza de Jesús, mientras descarta el esfuerzo por parte de Pedro de institucionalizar la Presencia: "cuando miraron a su alrededor, ya no vieron a nadie más que a Jesús" (9.8).

Leer Marcos 9.9-13

Así como este grupo regresa del monte, podemos acordarnos de lo que Moisés vio al descender de Sinaí: Israel bailando alrededor de un becerro de oro (ver Éxodo 32). Sin embargo, lo que pasa aquí no es esto, sino los discípulos cada vez más confundidos.

Jesús avisa a sus compañeros que sólo después de que el Hijo del Hombre se haya levantado de la muerte entenderán la visión que acaban de atestiguar (9.9). Marcos nos informa que los tres discípulos "tomaron la palabra" (9.10) (es decir, la palabra de Jesús acerca de la cruz 8.32) "mientras discutían entre ellos mismos qué significaría eso de 'levantarse de entre los muertos'" (9.10). Bien puede ser que las palabras "levantarse de entre los muertos" se tornan en una instrucción por parte de Marcos acerca de la terminación abrupta de su evangelio. Por supuesto, llegando al fin del evangelio vamos a preguntarnos acerca del mensaje de que "Jesús ha resucitado" (16.6); allá quedará claro que todavía estamos llamados al discipulado (ver cap. 25).

A pesar de que los tres discípulos acaban de escuchar una voz del cielo que les instruyó a escuchar a Jesús, todavía quedan preocupados con la autoridad de los escribas.

"¿Por qué dicen los escribas...?" (9.11) De los últimos versículos del libro de Malaquías, hubieran sacado la creencia de que antes del día del Señor Elías tenía que regresar para salvar al pueblo del juicio. "Estoy por enviarles al profeta Elías...él hará volver el corazón...y así no vendré a herir la tierra con 'destrucción total'" (Mal 4.5s). El hecho de que se atribuye tal referencia a los escribas puede señalar que la élite gobernante entendía el pasaje como una garantía de que ellos serían salvos en "el gran y terrible día del Señor".

Para los que se aferran a tal punto de vista, Jesús trae malas noticias, porque, como argumenta el prólogo, "ya ha venido Elías" (9.13; ver cap. 1), y, como Marcos ha narrado en 6.13ss, Elías fue ejecutado por las autoridades porque se rehusaron a "dar vuelta". Así Marcos cierra el círculo del "guión profético" que inició en 8.28.

A ¿Cómo está escrito acerca del Hijo del Hombre?
B que va a sufrir y ser repudiado
C Pero, les digo que ya ha venido Elías
B1 y le hicieron lo que les parecía
A1 como está escrito de él.

Jesús (también conocido como el Hijo del Hombre) y Juan el Bautista (también conocido como Elías) comparten el destino político inevitable de los que dicen la verdad.

Leer Marcos 9.14-29

Jesús regresa del monte, y se encuentra con los demás discípulos. ¡Ellos *también* están discutiendo con los escribas (9.14)! Sin embargo, aquí el tema no es la enseñanza de los escribas, sino el hecho de que los discípulos no pueden exorcizar un demonio. Aunque fueron comisionados a hacerlo (3.15), y lo habían logrado antes en la historia (6.7), aquí la multitud hace burla de los discípulos por no tener "fuerza suficiente" (9.18). Esta acusación es dura para los seguidores del "más fuerte", que tienen el compromiso de "atar el hombre fuerte". Es una denuncia áspera que nos recuerda de la historia del demoníaco geraseno, a quien "nadie tenía fuerza para atarlo" (5.4).

Empero, el demonio que tienen que enfrentar es un demonio especialmente insidioso, un "espíritu mudez", quien tira a su víctima al suelo, la paraliza y llena su boca de espuma (9.17s). La respuesta de Jesús muestra su frustración (9.19), la cual nos parecerá algo curioso al menos que la veamos como una indicación de que en esta historia hay algo más grande en juego. Tan pronto como traen la víctima delante de Jesús, el demonio le ataca con toda furia (9.20). La indagación de Jesús sugiere que haya una conexión entre la condición del muchacho y la de la "generación sin fe".

> ¿Cuánto tiempo hace que le pasa esto? (9.21)
>
> ¿Hasta cuándo tendré que estar con ustedes? (9.19)

La respuesta del padre es irresistiblemente arquetípica. El demonio ha callado a su hijo "desde su niñez", y quiere destruirlo por medio del "fuego y el agua". Tal lenguaje simboliza las raíces fundamentales de la angustia y el trauma no resueltos, los cuales mantienen a los seres humanos "callados".

El próximo intercambio sirve como un resumen conmovedor del tema central del evangelio (9.23s).

Padre. Si puedes hacer algo, ten compasión de nosotros y ayúdanos.

Jesús. ¿Cómo que si puedo? Para el que cree, todo es posible.

Padre. Sí, creo. ¡Ayúdame en mi poca fe!

Así esta historia de un exorcismo queda revelada como una dramatización de la lucha por la fe, simbolizada con el vencimiento de este demonio que hace callar a los seres humanos, y de la transformación de la muerte a la vida (9.26s).

El hecho de que el epílogo de este episodio tiene su enfoque, no en el exorcismo mismo sino en la frustración continua de los discípulos por su impotencia ("¿Por qué nosotros no pudimos expulsarlo?" 9.28), nos señala el carácter metafórico de este episodio. De nuevo, la estructura de la historia nos ayuda a interpretar su significado.

9.14-19. los escribas y la multitud lanzan acusaciones a los discípulos por su impotencia

9.20-27. Jesús interactúa con el padre, el muchacho y el demonio;

9.28s. Jesús habla con los discípulos acerca de su impotencia.

Tal composición sugiere que los discípulos son los que constituyen los verdaderos sujetos de esta historia, impotentes porque ellos mismos son "sordos y mudos" ante el Camino de la Cruz. Es decir, ¡no podemos echar fuera a demonios que han tomado posesión de nosotros mismos!

Al cierre de esta historia, por primera vez en Marcos, Jesús exhorta a los discípulos a orar (9.29). Pero, ¿qué quiere decir Marcos por "oración"? Jesús ora en lugares remotos (1.31; 6.46), en contraste con la práctica de sus oponentes, quienes explotan la oportunidad que la oración les da de estar en la mirada del público (12.40).

Hay solamente dos momentos más en que Jesús invita a sus discípulos a orar. Uno ocurre luego de su acción dramática en el Templo, cuando exhorta a los discípulos a creer en la posibilidad de un mundo libre del Templo-estado tan explotador (11.23-25; ver cap. 16). El otro es justo antes de que las fuerzas de seguridad del Templo-estado le prendan, cuando llama a sus discípulos a orar como una manera de "mantenerse despiertos" ante el Camino de la Cruz (14.32-42; ver cap. 22). Veamos las similitudes.

> "Para el que cree, todo es posible." (9.23)
>
> "Amen, les digo, todas las cosas que oran y piden, confíen que ya lo recibieron..." (11.24)
>
> "y oró..."Para ti, todo es posible..." (14.36)

Los poderes ejercen una soberanía en nuestros corazones y en el mundo por medio de la desesperación que nos convence de que una verdadera transformación personal y política es imposible. De hecho, nos han socializado hacia tal resignación "desde la niñez" (9.21). Orar es volver a centrar nuestra conciencia en una fe que insiste en la posibilidad y el imperativo de tal transformación.

Este episodio nos sugiere que la oración es una disciplina contemplativa que involucra el auto-conocimiento, una invitación a examinar las raíces de nuestra impotencia. Si queremos echar fuera a *este* demonio, tenemos que emprender el proceso difícil de enfrentar las ilusiones que nos paralizan y el poder no consciente del trauma reprimido que nos calla.

Capítulo 13

En defensa de los "pequeños" Marcos 9.30-10.16

El texto en su contexto

Ahora el catecismo del discipulado de Marcos vuelve a algo menos heroico, pero tal vez más difícil; la práctica del Camino en la vida diaria. Se dirige a esto porque la cruz es más que la resistencia a los poderes sin violencia; es también la lucha contra los patrones de dominación en las relaciones interpersonales y sociales.

El segundo ciclo de la enseñanza es el más largo de los tres. Se dirige a los siguientes temas de estatus: el más grande y el más pequeño (9.36s), los de adentro y los de afuera (9.38-41), los agresores y las víctimas (9.42-50), el hombre y la mujer (10.2-12), los adultos y los niños (10.13-16) y los ricos y los pobres (10.17-31). La lista muestra ciertas similitudes a las tradiciones catequéticas que se encuentran en otras partes del Nuevo Testamento, las cuales tienen que ver con cuestiones del poder en la vida familiar y comunitaria (por ejemplo, el así llamado Código Doméstico en Colosenses 3.12-4.6).

Los refranes "los primeros serán los últimos" (9.35) y "los últimos serán los primeros" (10.31) dan un marco a esta sección. No se los ofrece como paradojas místicas. Representan una ética concreta, comenzando con Jesús dirigiéndose a la situación de cada uno de los "pequeños" en el contexto de los pares de relaciones sociales. Luego procede a desarrollar la lógica del Jubileo. Jesús enseña que sólo desde el fondo se puede transformar la sociedad, algo ilustrado en la previa historia de Jairo y la mujer sangrante (5.21-43; ver cap. 7).

Leer Marcos 9.30-41

Se inicia esta sección con un segundo presagio (9.30-32), seguido por otra revelación por parte de Jesús de la "ceguera-sordera" de los discípulos. No debemos perder la ironía amarga en este retrato (9.33s). El camino del discipulado de ellos (se repite "en el Camino" dos veces) ha degenerado hacia una lucha interna por el poder. Peor aún, Marcos les denuncia en las mismísimas palabras con las cuales denunció a la multitud de la sinagoga en 3.4. "Pero ellos permanecieron callados." Presentando a un niño como una lección práctica, ahora Jesús comunica su segundo llamado al discipulado en términos distintos.

> Si alguien quiere seguirme, que lleve su cruz... (8.34)

> Si alguien desea ser primero, que sea el último de todos y

> servidor [diavkono"] de todos. (9.35)

La iglesia no debe servir como una base de poder para sus miembros, sino como una comunidad que redistribuye el poder a los excluidos.

Se subraya este punto en el próximo episodio. Juan se jacta de que haya prohibido a un exorcista, el cual "no era de nosotros", a practicar el exorcismo en el nombre de Jesús (9:38). ¡Bajo tales circunstancias, nunca fue más inapropiado el uso de "nosotros"! Detrás del reproche de Jesús (9.39), yace una historia de la Biblia Hebrea. En Números 11.24-30, Josué pone objeción a Moisés de que dos jóvenes, los cuales no son "ancianos formalmente ordenados" en la comunidad de Israel, estén dando voz a un espíritu profético. "¡Moisés, señor mío, detenlos!" (Num 11.28). La respuesta de Moisés es pertinente al mensaje de Marcos.

> ¿Estás celoso por mí? ¡Cómo quisiera que todo el pueblo del Señor profetizara, y que el Señor pusiera su Espíritu en todos ellos! (Num 11.29)

Jesús plantea que se debe dar la bienvenida a tales prácticas poderosas dondequiera que ocurran, porque "el que no está contra nosotros está a favor de nosotros" (Marcos 9.39s). Al ampliar el sentido de "nosotros", Jesús socava cualquier esfuerzo por parte de la iglesia de reclamar un privilegio exclusivo en la práctica de la justicia y la compasión. ¡Entiende la relación entre el poder del monopolio y el monopolio del poder! Para agudizar el punto, Jesús recuerda a los "cristianos" que serán ellos mismos que reciben con frecuencia alguna obra de misericordia (9.41).

Leer Marcos 9.42-50

Jesús reserva sus palabras más duras para los que "hagan tropezar" a "uno de estos pequeños que creen en mí" (9.42). Las expresiones "el mar" y el "fuego que nunca se apaga" (9.43) nos recuerdan del tormento de "agua y fuego" que inflige el demonio de mudez (9.22).

Luego, en vv. 43-48, se encuentra el llamado a amputar la mano, el pie o el ojo que ofenda, algo que en todo sentido nos impacta como raro e inquietante. Parece que aquí Marcos combina la metáfora de Pablo, de la comunidad como "cuerpo" (ver "mano, ojo y pie en 1 Cor 12.14-16), con el principio de Pablo de no causar la caída del "miembro débil" (ver Rom 14). Además, se puede pensar en la analogía de la lucha moderna contra una adicción. De repente, en el proceso de recuperarse, la persona se siente como si una parte de sí misma (la parte adicta, co-dependiente) se esté amputando. Como escribe Gerald May en *Addiction and Grace* [La adicción y la gracia], "Cualquier lucha con la adicción involucra la privación. Cada sostén falso queda vulnerable a la necesidad de renunciarlo." De hecho, tal "amputación" se hace una cirugía "salva-vidas" al cáncer de nuestras ilusiones y apetencias.

Según Marcos, nuestra mayor adicción individual y social consiste en el deseo de dominar. Los discípulos son llamados a renunciar a lo que la sociedad pueda ver como natural, así como a todas las formas de hacer víctimas de los "pequeños" por medio de modelos de jerarquías y exclusiones. Pero, renunciar implica ser percibido como "defectuoso" por la cultura dominante (como el amputado). Estos dichos extraños, pues, plantean que es mejor ser deformado que conformarse a lo que oprime a los miembros más vulnerables del cuerpo político.

En un mundo de violencia y desigualdad institucionalizada, las opciones que tenemos son pocas. O abrazamos el "fuego" de la recuperación (9.49) o vivimos en el "infierno" de la adicción (9.48 hace alusión a la última línea del libro de Isaías). La sal, la cual se usaba en la antigüedad como medicina, sugiere que la meta es sanar (9.49), lo cual necesariamente incluye la reconciliación dentro de la comunidad de fe (9.50).

Leer Marcos 10.1-16

Ahora el viaje procede hacia el sur, entrando en Judea y procediendo paulatinamente e inexorablemente hacia Jerusalén (10.1). Marcos se dirige a un ambiente en donde más frecuentemente se pasa por alto los temas de la justicia y el poder: el matrimonio y el divorcio. Los fariseos argumentan con Jesús, no sobre la moralidad del divorcio sino sobre los motivos legales que permitieran que un hombre se divorcie de su esposa (10.2).

Las dos grandes escuelas rabínicas de la época, la de Hillel y la de Shammai, discutieron el tema vigorosamente. Jesús rehúsa involucrarse en tal debate legalista (10.3-5; ver cap. 9). En cambio, se dirige hacia el sistema masculino del poder y privilegio, en lo cual la mujer que quedaba "despedida" por su marido era rechazada también por la sociedad, y tenía pocas posibilidades de sostenerse. Frente a esta realidad, Jesús plantea que la visión original de Génesis estipula una igualdad entre el hombre y la mujer. El pacto del matrimonio, lejos de entregar la mujer al poder del hombre, instruye al hombre a separarse de su "casa" patriarcal para "hacerse una sola carne" con su esposa (10.6-8). La conclusión de Jesús en 10.9 se refiere a la manera en que el patriarcado, no el divorcio, mete una cuña que rompe en pedazos la igualdad entre pareja.

Como se dio en un conflicto previo entre Jesús y los fariseos, luego se da una explicación privada a los discípulos (10.10; ver 7.17). Esta reconoce el hecho del divorcio, pero mantiene el principio de la igualdad. La primera cláusula de Jesús (10.11) va mucho más allá que las leyes judías de la época, según las cuales el adulterio no era tanto un hombre siendo infiel a su propia esposa, sino más bien un hombre haciendo daño a otro hombre por acostarse con su esposa. Luego, la segunda cláusula de Jesús asevera que la mujer tiene el derecho de iniciar un proceso de divorcio, algo que contradijo directamente las enseñanzas de los rabinos, quienes reservaron tal derecho sólo para los hombres (10.12).

Nadie que haya aguantado el dolor en que "una sola carne" se rompe en pedazos puede minimizar la tragedia del divorcio. Sin embargo, incluso aquí, Jesús se rehúsa a pasar por alto las relaciones actuales de poder. La mujer no debe ser más tratada como un objeto; ella es un sujeto, plenamente igual, que conlleva mutuamente las responsabilidades.

No puede ser por casualidad que luego de este debate Jesús toca el tema de los niños, quienes siempre son las víctimas cuando los padres se divorcian (10.13-16). Por segunda vez en esta sección, Jesús pone en el centro de la atención a los niños, pero los discípulos los reprenden (10.13). Esto provoca indignación por parte de Jesús, y él afirma solemnemente que nada menos que las "llaves del reino" están en juego. Se reitera el principio de buena acogida, que antes fue declarado en una expresión positiva, ahora con una expresión negativa.

> El que recibe en mi nombre a uno de estos niños, me recibe a mí; y el que me recibe a mí, no me recibe a mí sino al que me envió. (9.37)

> El que no recibe el reino de Dios como un niño, de ninguna manera entrará en el. (10.15)

En los dos episodios hay un contraste entre la fuerte declaración de Jesús a los discípulos adultos y su abrazo tierno a los niños. Tal como los discípulos no deben "impedir" prácticas que liberan (9.39), nunca deben "impedir" a los niños (10.14).

¿Qué quiere decir con este desafío categórico de "recibir" al niño? La mayoría de los comentaristas ofrecen homilías pintorescas que idealizan a los niños como símbolos de la "inocencia y la confianza". Al contrario, el niño en Palestina del primer siglo representaba la clase con menos poder. Los niños eran los "más pequeños de los pequeños" en el orden social de la antigüedad. No tenían ni estatus ni derechos.

En todo el transcurso de esta sección, Marcos ha articulado el Camino de la Cruz como la práctica de la solidaridad con los "pequeños" en la vida diaria. En toda relación social, el poder queda distribuido en porciones desiguales, y la tarea del Jubileo es redistribuirlo, aún en el contexto de las estructuras tradicionales del matrimonio y la familia. Además, Marcos ha socavado cualquier derecho "propietario" que la comunidad del discipulado podría reclamar para sí misma. Tenemos que reconocer que afuera de nuestras comunidades de fe se pueden encontrar ejemplos de un comportamiento justo, y que dentro de nuestras comunidades de fe se pueden encontrar muchos comportamientos problemáticos. La vocación de la iglesia no es pronunciar condenaciones morales, sino buscar la justicia por adentro y por afuera.

Capítulo 14

El arrepentimiento como reparación Marcos 10.17-31

El texto en su contexto

Para cerrar el segundo ciclo, Marcos narra la única historia en el evangelio en que alguien rechaza la invitación al discipulado (10.17-30). La estructura del episodio revela su preocupación central.

A la pregunta del rico acerca de la vida eterna (10.17)

  B el rico no puede dejar sus posesiones y seguir a Jesús (10.22)

    C la enseñanza de Jesús y la reacción de los discípulos (10.23-27)

  B1 los discípulos han dejado sus posesiones y le han seguido (10.28)

A1 a ellos les da la respuesta acerca de la vida eterna (10.30)

Aquí se abarca el tema de la clase económica, y así se lleva adelante la definición de la antítesis de que los primeros serán los últimos. (10.31)

Leer Marcos 10.17-22

La acción empieza "en el Camino". Un hombre se acerca. Detectamos que es socialmente poderoso por la manera en que se acerca; quiere algo y está dispuesto a dar cierta deferencia a cambio (10.17s). Sin embargo, Jesús terminantemente rehúsa devolverle la galantería, algo que nos pone en alerta de que hay cierta tensión en la historia. Se ve la tensión aún más por el hecho de que, a pesar de que este hombre parece tener una preocupación teológica fundamental (la "vida eterna"; en Marcos aparece únicamente en este episodio), la respuesta de Jesús nos parece algo tan convencional que no llena la expectativa acostumbrada en el evangelio de Marcos.

Jesús cita la "lista corta" del Decálogo, dejando fuera los primeros cuatro mandamientos "teológicos" (cuyos significados no estaban en discusión entre los judíos) para dar un enfoque sobre los seis mandamientos "éticos" (10.19; ver Éxodo 20). Sin embargo, una lectura más detenida revela un cambio; se ha remplazado el último mandamiento: no codicies lo que pertenece a tu prójimo (Éxodo 20.17) por "no defraudes" [oprimir, maltratar, defraudar]. Esto se refiere a una censura en Levítico, la cual se encuentra en la sección que tiene que ver con la conducta socioeconómica en la comunidad del Jubileo.

> No defraudes (explotes) a tu prójimo, ni lo despojes de nada. No retengas el salario de tu jornalero hasta el día siguiente. (Lev 19.13)

Con este pequeño cambio, Jesús revela que tiene más interés en cómo este hombre se hizo rico que en sus reclamos piadosos.

Regresemos al interrogatorio inicial del hombre. El problema es que su pregunta supone que puede heredar la vida eterna. La raíz de este verbo en el griego tiene su pareja en el sustantivo que refiere a una parcela de terreno, y de pronto vamos a aprender que este caballero "tenía muchas propiedades" (10.22). ¡Parece que supone que la vida eterna, como la propiedad, es algo que hay que heredar! Como muchos que gozan de los beneficios del sistema socioeconómico, él imagina la religión como algo que reproduce los privilegios de su clase.

De hecho, la tierra era la base de la riqueza en la Palestina del primer siglo. Las haciendas de los ricos estaban creciendo de varias maneras. A veces se consolidaban los bienes uniendo casas por medio de alianzas matrimoniales o políticas. Otras veces crecieron por medio de la distribución, por los mecanismos del patronazgo político, de terrenos que habían sido expropiados por el estado. Pero el mecanismo principal fue el de adquirir terrenos por medio de la falta del pago de deudas por parte de los campesinos, quienes hasta aquel entonces fueron dueños de sus propios terrenos, algo que ya vimos en el trato de la parábola del sembrador (ver cap. 5). Esto fue el mecanismo por el cual la desigualdad llegó a ser tan difundida en la época de Jesús. Además, es casi seguro que éste fue el mecanismo por el cual este hombre llegó a tener sus "muchas propiedades".

La clase terrateniente, aunque representaba un porcentaje muy reducido de la población, se empeñaba en proteger sus privilegios de generación en generación, algo que Jesús después sugiere en una parábola sobre la lucha por un terreno titulado. En la parábola, algunos arrendatarios insurgentes pretenden arrebatar la "herencia" del terrateniente ausente (Marcos 12.1ss; ver cap. 18). Aquí Marcos nos ha proporcionado un retrato preciso de la ideología de los privilegios.[1] Además, Jesús tiene la percepción clara de que los "hacendados" crean y mantienen su excedente por medio del "fraude", porque es el resultado de una expropiación ilegítima de la tierra de sus vecinos.

Sin embargo, Jesús no disputa de manera directa la aseveración improbable del hombre que él haya "guardado toda la ley" (10.20), la cual contradice la afirmación de Jesús de que "No hay nadie bueno sino sólo Dios" (10.18). En cambio, Jesús "lo miró y lo amó", ya que estaba por decirle una dura verdad (10.21).

Este es el tipo de compasión que se rehúsa hacer de equívocos. "Una sola cosa te falta." El verbo implica que es el hombre rico el que está en deuda con los pobres que él ha defraudado. "Anda", aboga Jesús, empleando un verbo asociado en Marcos con los episodios de curaciones. "Vende todo lo que tienes y dáselo a los pobres..." El hombre tiene que desmantelar el sistema desde el cual deriva sus privilegios. Según la lógica del Jubileo de Jesús, al redistribuir su excedente mal obtenido va a recibir el verdadero "tesoro del cielo" (el término para "tesoro" es distinto de los otros términos que se emplea para describir la riqueza en este episodio).

---

1 Aquí se interpreta la parábola a base de una teología que dice que la tierra es de Jehová (ver Lv 25.23-24). En la viña del Dueño, los encargados del liderazgo quieren hacer suyo lo que es del Dueño.

"Luego ven y sígueme." Jesús no está invitando a este hombre a cambiar solamente su actitud hacia su riqueza, ni a tratar mejor a sus siervos, ni a reformar su vida personal. Está aseverando que la restitución económica es una precondición para ser su discípulo. La piedad del hombre colapsa, y él, profundamente herido, da un giro y huye. De una manera simple, Marcos explica por qué: "porque tenía muchos bienes" (10.22). En el contexto de la desigualdad de las clases, el mensaje de Jesús de arrepentimiento implicaba la reparación, la práctica del Jubileo de la justicia redistributiva.[2]

Leer Marcos 10.23-31

Marcos desea que el lector sepa que esta historia significa precisamente lo que dice. Por esto, relata que Jesús resalta el punto por medio de un versículo lírico, hecho más agudo "afilando la navaja" con un humor del absurdo.

> ¡Qué difícil es para los ricos entrar en la soberanía de Dios! (10.23)

> Hijos, ¡qué difícil es entrar en la soberanía de Dios! ¡Le resulta más fácil a un camello pasar por el ojo de una aguja, que a un rico entrar en la soberanía de Dios! (10.24-25)

---

2 Como explican Hanson y Oakmann en *Palestina en la época de Jesús*, en la antigüedad la riqueza fue redistribuida para arriba, de manera que cualquier excedente de bienes (más allá que sus necesidades más básicas) de los productores básicos (los campesinos y artesanos) fue extraído por las élites por medio de impuestos, rentas, etc. Aquí no es así. La redistribución es hacia una igualdad económica.

Claro que la broma de Marcos acerca del camello y la aguja ha sido torcida por comentaristas ansiosos de evitar su capacidad de herir. ¡Hubo un esfuerzo infame en la edad media de afirmar que había una pequeña puerta en Jerusalén, por la cual los camellos sólo podían entrar "de rodillas"! De hecho, Jesús invocaba la imagen del animal más grande conocido, junto con la abertura más pequeña conocida, para denotar de manera precisa la imposibilidad. Frederick Buechner capta su sarcasmo humorístico con una analogía contemporánea: ¡Es como meter a "Nelson Rockefeller por una ranura de depósitos nocturnos del First National City Bank"!

Con cada repetición del punto, los discípulos se ponen cada vez más asombrados, algo que culmina en su protesta. "Pues, ¿quién puede ser salvo?" (10.26) Su consternación refleja su suposición de que la riqueza sea una señal segura del favor de Dios, una percepción que también prevalece en la piedad norteamericana. De hecho, la cristiandad ha estado tan ansiosa de que aquí Jesús estuviera diciendo algo que excluyera a los ricos, o que los criticara, que dejó de darse cuenta de que estas palabras tan aterrorizantes *no* tienen que ver con los ricos. Estas afirmaciones, cada una en el modo indicativo, tienen que ver con la soberanía de Dios, y se visualiza como aquel tiempo y lugar donde no hay ricos ni pobres. Por definición, entonces, los ricos no pueden entrar, por lo menos con su riqueza intacta. La reparación es la única "entrada".

Jesús reconoce que para nosotros la idea de un orden social auténticamente nuevo, basado en la igualdad económica, parece realmente "imposible" (10.27). Ciertamente en la cultura y la religión del capitalismo se ha considerado cualquier modelo económico predicado sobre justicia redistributiva como una gran herejía. Por la misma razón, la tradición del Jubileo de Levítico ha encontrado mucho escepticismo por parte de los teólogos modernos (ver cap. 3)

Sin embargo, la visión bíblica del Jubileo no era una receta utópica ni una esperanza escatológica; era una protección contra la concentración inevitable de riqueza y poder dentro de la comunidad de Israel. Esta visión se no origina desde un idealismo social sino desde el carácter revelado de Dios. Se tenía que perdonar a favor de los pobres dependientes su deuda porque "Yo soy el Señor su Dios, que los saqué de Egipto..." (Lv 25.35-38). Se devuelve la tierra "porque la tierra es mía, y ustedes no son aquí más que forasteros y huéspedes" (Lv 25.23-28). Es obvio que esta visión representa la antítesis de los sistemas que promocionan la concentración de la riqueza. Sin embargo, Jesús no sólo afirma que la justicia redistributiva es posible; sugiere que sin ella no podemos hablar de la soberanía de Dios.

Finalmente Pedro entiende, y se jacta que la comunidad del discipulado ha hecho lo que el rico no pudo; ha "dejado todo" y ha "seguido" (10.28; ver cap. 1). Sin embargo, como hizo con el rico, Jesús ni confirma ni niega el reclamo de Pedro. En cambio, da otra invitación universal ("De cierto les digo que nadie que ha...") a renunciar a los privilegios que pertenecen a la casa (la unidad económica productiva básica), a la familia (el patrimonio y la herencia) y a la tierra (la unidad básica de la riqueza; 10.29). Asegura al lector que los que experimentan la economía del Jubileo recibirán (no heredarán) una suficiencia abundante de la nueva comunidad de producción y consumo (10.30).

Tal alusión a la economía divina de la gracia sugiere que la cosecha "cien veces" prometida en la parábola del sembrador (4.8) no era un sueño imposible ofrecido a los pobres campesinos, sino el resultado concreto de la redistribución de la riqueza. Se crea un excedente cuando se reestructura la riqueza "privada" como un recurso de la comunidad. Jesús agrega claramente que este "milagro" de la multiplicación por medio del compartir, lo cual ya se ha establecida en las anteriores comidas en el desierto (6.35-42; ver cap. 8), va a ocurrir, no en aquel futuro remoto, sino "ahora, en este tiempo". Con un realismo propio, agrega que tal práctica invitará "persecuciones". En cambio, se deja a la edad venidera el asunto de la vida eterna (10.30).

Esta es la respuesta a la interrogativa del rico, a pesar de que él no se quedó tiempo suficiente para escucharla. Esta historia, la única en Marcos en que hay un rechazo de la invitación al discipulado, ilustra otro punto en la parábola del sembrador. Los ricos pueden oír "la palabra, pero las preocupaciones de esta vida, el engaño de las riquezas y muchos otros deseos entran hasta ahogar la palabra, de modo que ésta no llega a dar fruto" (4.18-19).

En cambio, se da la promesa de "la vida eterna" a los que se empeñan en responder a la visión de la justicia económica. Este episodio y la sección entera concluyen con una simple reiteración de la lógica del Jubileo: "... muchos de los primeros serán últimos, y los últimos, primeros". (10.31)

Capítulo 15

El liderazgo y el servicio
Marcos 10.32-52

El texto en su contexto

Leer Marcos 10.32-45

El tercer y último de los ciclos del catecismo del discipulado también inicia "en el Camino"; se revela que este quiere decir "en camino a Jerusalén" (10.32). Cuando lleguemos al fin de la historia, será importante recordar esta "foto" de la comunidad del discipulado. Tal como aquí Jesús "va delante de" sus seguidores, los cuales están asombrados y tienen miedo, luego, frente a la tumba de Jesús, se nos va a volver a decir que Jesús "va delante de" los discípulos, quienes están traumatizados y tienen miedo (16.7s).

Este episodio resulta ser un presagio muy específico en su anticipación del drama de la Pasión de Jesucristo. En la Pasión uno de la comunidad de los discípulos va a "entregar" al Hijo del Hombre al Sanedrín. Luego el Hijo del Hombre será entregado a las autoridades romanas y, después de tortura y mofa, será dado a la pena de muerte (10.33). Ahora, Jesús promete de nuevo que "a los tres días resucitará" (10.34), cuyo significado permanece como un misterio para los discípulos (ver 9.10). ¿Todavía no comprenden el Camino? El último episodio del catecismo demuestra que no, y el retrato de Marcos se vuelve oscuro.

Junto con Pedro (8.32; 9.5) y Juan (9.38), ahora Jacobo se une al rechazo del Camino de Jesús (10.35ss). ¡Marcos ha implicado a todo el círculo más cercano a Jesús en el rechazo! Ellos esperan un golpe de estado mesiánico, y aspiran al "primer puesto y al segundo en el gabinete" del nuevo régimen (10.37; ver Salmo 110.1). Y, ¡esto luego de dos ciclos de enseñanzas acerca de la solidaridad con los "pequeños"! Podemos sentir la exasperación de Jesús, quien les devuelve la pregunta en su modo característico: ¿Pueden acaso beber el trago amargo de la copa que yo bebo, o pasar por la prueba del bautismo con el que voy a ser probado? (10.38) Marcos no puede resistir el impulso del sarcasmo: "Sí, podemos," responden los hijos de Zebedeo (10.39[a]).

Con cansancio, Jesús explica que en la soberanía de Dios el liderazgo no es designado de manera ejecutiva; sólo se logra el liderazgo por el aprendizaje en el camino de la Cruz (10.39s). Aquí la dialéctica entre el poder y la impotencia resulta irónica. Jesús puede garantizar que sus discípulos sufrirán, pero no puede cumplir sus peticiones de gobernar (10.40). De hecho, en esta historia no estarán los discípulos a la mano derecha e izquierda de Jesús en la cruz, sino dos rebeldes (ver 15.27). El tono cáustico de Marcos alcanza su punto máximo en la próxima enseñanza de Jesús.

> Como ustedes saben, los que se consideran jefes de las naciones oprimen a sus súbditos, y los altos oficiales

abusan de su autoridad. Pero entre ustedes no debe ser así. (10.42s).

Se ha probado muchas veces en esta sección que los discípulos ni "saben" lo que desean (10.38) ni entienden la práctica de Jesús (10.41).

Ahora viene la última invitación a "el que quiera" en el catecismo del discipulado (10.43s), el cual idea un nuevo estilo de liderazgo "desde abajo hacia arriba". Cuando Jesús hace una inversión de los roles del "grande" y del "esclavo", esto constituye un ataque de frente a la jerarquía de estatus en el mundo antiguo. Así se completa el desafío por parte de Jesús del entendimiento contemporáneo del poder en los ambientes personales, sociales, económicos, y ahora políticos. El Hijo del Hombre encarna el Camino alternativo. Por medio de dar su vida, él propone volcar al sistema de retribución de una vez y para siempre. Es el siervo quien "rescatará" la vida de todos los verdaderamente esclavizados (10.45).

El hecho de que los discípulos varones quedan sin entendimiento en esta sección hace aún más significativo el hecho de que al principio (1.31) y al fin (15.41) de la historia de Marcos son las mujeres quienes demuestran la calidad de servicio abogado aquí por Jesús. ¿Será que Marcos implica que dentro de un sistema patriarcal, solamente las mujeres están aptas para ejercer este liderazgo? Esto constituiría la propuesta más subversiva de todas, ¡igual para la antigüedad y la modernidad!

Leer Marcos 10.46-52

En estos versículos hay una combinación de dos cosas: una nueva inversión controversial de roles, chocante con nuestro sentido de lo apropiado, junto con otro ciego sanado para darnos esperanza. En las afueras de Jericó, el último paradero antes de proceder a Jerusalén, encontramos a un mendigo pobre y ciego, sentado "al lado del camino" (10.46). El relato de Bartimeo provee un contraste dramático con las dos historias previas del "no-discipulado", la del rico y la de los discípulos ambiciosos, y servirá como ejemplo emblemático del "verdadero discípulo" en Marcos.

A diferencia del rico, Bartimeo está sin tierra e inválido; es una víctima del sistema, no su beneficiario. A diferencia de los discípulos, Bartimeo no se atreve a acercarse directamente a Jesús con su petición. No indaga sobre los misterios de la vida eterna ni los puestos altos en la nueva administración, sino pide la misericordia, a pesar de que algunos quieren callarle (10.47s). Mientras que el rico se marcha rechazando el llamado al discipulado, Bartimeo renuncia a lo poco que tiene (la capa que arroja representa la herramienta de su oficio de mendigo; 10.50). Además, Marcos nos ofrece un paralelo intencional entre su petición y la de los discípulos.

> Jesús dijo a los discípulos, "¿Qué quieren que haga por ustedes?" Y ellos respondieron, "Concédenos que uno de nosotros se siente a tu derecha y el otro a tu izquierda en la gloria tuya." (10.36s)
>
> Jesús dijo al ciego, "¿Qué quieres que haga por ti?" Él respondió, "Maestro, quiero ver de nuevo." (10.51)

Jesús no puede responder a la petición del rico porque el rico rehúsa hacer la reparación necesaria. Jesús no puede conceder la petición de los discípulos porque se basa en ilusiones de grandeza. En contraste, Jesús puede ayudar al mendigo porque Bartimeo sabe que es ciego.

Al principio del catecismo del discipulado en Marcos, Pedro llama a Jesús por el nombre "correcto", pero resiste el Camino de la Cruz (8.29ss). Al final, Bartimeo "siguió a Jesús en el Camino" (10.52), aun cuando en 10.47 y 48 se ha equivocado, llamando a Jesús por un título que luego Jesús va a repudiar, "Hijo de David" (12.35-37; ver cap. 19). Los primeros se han hecho los últimos, y los últimos los primeros. La moraleja del catecismo: sólo la fe como discipulado "nos sana".

IV. Jesús, el que plantea interrogantes

Meditación inicial

La entrada de Jesús a Jerusalén fue una liturgia pública dramática que establece las bases para la última ronda de preguntas. Ni los religiosos ni la autoridad del estado permanecerán inalterados por el Único quien se mueve en sus centros de poder con una autoridad alternativa. La liturgia es un ritual que simboliza y envuelve una acción de profundo significado, casi siempre que contiene varios niveles de significado. Pocas localidades en el mundo moderno pueden igualar la capital de los Estados Unidos, Washington, D.C., como un lugar adecuado para una liturgia publica en nuestros tiempos. En tanto usted vaya leyendo los siguientes ejemplos, recuerde alguna liturgia pública que haya tomado lugar en su propio pueblo o ciudad.

En el 40° aniversario del bombardeo de Hiroshima y Nagasaki, a la altura de la carrera armamentista nuclear, 30.000 personas trajeron la Cinta de la Paz a Washington, D.C. La Cinta era una representación geográfica de cientos de miles de personas alrededor del mundo de lo que "no podían soportar la idea de perder para siempre a causa de una guerra nuclear." Compuesta por miles de segmentos en los cuales habían pintado, bordado, cosido, teñido, y parcheado los miedos de una época, la Cinta fue enrollado alrededor del Pentágono, a través del río Potomac, alrededor del Monumento a Lincoln, por el Centro Comercial más allá del Monumento de Washington, alrededor del edificio del Capitolio de EE.UU, de regreso por el otro lado del Centro Comercial, alrededor del Elipse por la Casa Blanca, de regreso por el Monumento de Vietnam, y a través del rio de nuevo hacia el Pentágono, literalmente encerrando los símbolos de poder en un país muy poderoso. El mensaje de esta impactante liturgia pública fue muy claro: Alto a la fabricación y a la amenaza del uso de las armas nucleares.

En el Miércoles de Cenizas unos años más tarde, cuando EE.UU apoyaba la guerra en Nicaragua que estaba en su apogeo, personas de fe, incluyendo líderes denominacionales, obispos y cientos de miembros de diferentes denominaciones, se reunieron en el edificio del Capitolio en Washington D.C. En sus manos ellos sostenían cruces blancas de madera en las cuales habían escrito los nombres de hombres, mujeres y niños asesinados en la guerra. Seguido de un tiempo de oración en las gradas del Capitolio, el grupo ingresó lentamente en la Rotonda, otro símbolo global de poder. Allí, algunos participaron de un acto de desobediencia civil al arrodillarse para orar en el centro de la Rotonda. Ellos fueron rápidamente arrestados. El mensaje de esta liturgia pública fue también simple y claro: EE.UU deténgase de apoyar la guerra en Nicaragua.

La noche antes de que la guerra de EE.UU contra Iraq fuera programada para comenzar, 10.000 personas se reunieron por invitación de Sojourners (una organización cristiana) para un tiempo de oración en la Catedral Nacional en Washington. Ellos llenaron el enorme edificio hasta llegar a los jardines. Después del servicio, caminaron en una procesión de candelas por la Avenida Massachussetts y más allá de la Casa Blanca, luego se reunieron en el Iglesia Metropolitana AME a pocas cuadras de la Casa Blanca para una vigilia toda la noche. Su mensaje: No comiencen esta guerra contra Iraq.

Unos pocos días más tarde, después de que la guerra había comenzado, cientos de líderes religiosos y personas de fe se volvieron a reunir. Esta vez la invitación era en el Pax Christi USA, para un tiempo de oración y otra procesión hacia la Casa Blanca para decir: Nosotros no nos callaremos: ¡Detengan la guerra!

No mucho tiempo después, cuando el Congreso destruyó un programa a favor de las personas pobres e indigentes, las personas que abogan por los sin techo construyeron un barrio de ranchos en medio de una calle principal en el Capitolio. En otro momento de esa campaña los activistas sirvieron una comida a los niños pobres en el césped del edificio del Capitolio de los EE.UU. ¿Dónde vamos a encontrar refugio? ¿Qué comerán nuestros hijos?

Nos hemos acostumbrado a la disposición simbólica de nuestras iglesias. En la mayoría, la comunidad escucha la Palabra proclamada desde un atril y se reúne alrededor de una mesa en la que se comparte el Pan de Vida. La entrada de Jesús en Jerusalén sugiere que nuestras acciones litúrgicas también deben a veces pertenecer a la plaza pública. ¿Alguna vez ha participado en un acto litúrgico como estos?

Capítulo 16

"Digan a este monte" Marcos 11.1-25

El texto en su contexto

Cuando Jesús se dirige a Jerusalén, esto lleva la historia de Marcos desde los márgenes de la sociedad en Palestina hacia su centro. Llegando a la aldea de Betania, en las afueras de Jerusalén (11.1), Jesús prepara su entrada a la Ciudad Santa, no como un peregrino reverente, quien demuestra su lealtad al Templo, sino como un profeta subversivo, quien desafía los fundamentos del poder del estado.

Marcos 11 y 12 narran la segunda campaña de Jesús de "acción directa no-violenta". En la primera campaña en Galilea (1.20-3.35) Jesús, por sus acciones poderosas de exorcizar y sanar, se encaró con el "estatus quo". Ahora se enfrenta con el sistema del Templo y sus mayordomos, es decir, el sistema clerical en Jerusalén. Esta campaña, como la primera, llegará a su culminación en una situación de polarización y ruptura. Concluirá con el retiro de Jesús para hacer otra reflexión acerca de su misión en un sermón sobre la paciencia necesaria para realizar una transformación social profunda (13.1ss; ver 4.1ss).

Leer Marcos 11.1-11

La narrativa de los eventos en Jerusalén inicia con lo que se llama la "Entrada Triunfal" (11.1-10). Sin embargo, este nombre es inapropiado, porque este teatro político, cuidadosamente coreografiado está diseñado para repudiar cualquier triunfalismo mesiánico.

Para los lectores originales de Marcos, tal escenario hubiera sido muy cargado de significado político. Jesús entra en la ciudad acompañado de un "ejército" de campesinos (11.7s), cuyos gritos entusiastas aumentan la aclamación de Bartimeo (10.47s), al punto de que ella se hace un pleno coro revolucionario: "¡Bendito el reino venidero de nuestro padre David!" (11.10). Las imágenes de tal desfile les hubieren acordado de varios precedentes bíblicos: el burrito hubiera significado un Judá triunfante (Gen 49.11); también se acuerda del retorno del Arca a Israel (1 Sam 6.7ss), de la declaración de Jehú como el rey advenedizo (2 Rey 9.13); y de un himno procesional (Salmo 118.25s). Además, el hecho de que el desfile inició "cerca del Monte de los Olivos" (11.1) les hubiera acordado de la última batalla entre Israel y sus enemigos, lo cual fue profetizado por Zacarías (lea Zac 14.1-5).

Tal teatro también hace alusión a eventos más recientes. Se les acuerda del desfile militar triunfal de Simón el Macabeo, el gran general guerrillero quien, unos dos siglos antes, liberó a Palestina del dominio helenista. Según 1 Macabeos 13.51, Simón entró en Jerusalén "con alabanzas y ramas de palmera...y con himnos y cánticos." También, había otro incidente en que alguien presumió asumir la postura de un mesías, esta vez contemporáneo con Marcos. Según el historiador Josefo, a la mitad de la rebelión judía contra Roma (66-70 d.C.) el capitán guerrillero Menahem marchó en las calles de Jerusalén, fuertemente armado y en apariencia "como un rey". Fue un esfuerzo por parte de él de hacerse el único líder del gobierno rebelde provisional, aunque sin éxito (ver cap. 20).

Pero, Marcos recurre a todas estas imágenes mesiánicas populares precisamente para subvertirlas. Este es el punto de la historia, un poco rara, de "expropiar" un burrito, la cual ocupa la mitad de la narrativa del desfile (11.2-6). De manera consciente Marcos está reorganizando el simbolismo del desfile alrededor de una imagen distinta en Zacarías, la cual es expresamente anti-militar.

> ¡Grita de alegría, hija de Jerusalén!
> Mira, tu rey viene hacia ti,
> justo, salvador y humilde.
> Viene montado en un asno,
> en un pollino, cría de asna.
> Destruirá los carros de Efraín
> y los caballos de Jerusalén...
> Y proclamará paz a las naciones. (Zac 9.9s)

El rey de esta profecía, quien ya ha rechazado la política del poder helenista (10.42ss), entra en Jerusalén sin armas, aunque, en un sentido alternativo, igualmente peligroso.

El "asedio sin violencia" por parte de Jesús no seguirá el guión mesiánico que identificaba la liberación nacional con la rehabilitación del Templo-estado Davídico. Cuando Jesús llega al Templo, no es para defenderlo; más bien lo confronta. De pronto va a desasociarse de manera expresa de la ideología davídica (12.35-37; ver cap. 19). Por el momento, el desfile culmina en un anticlímax más; Jesús entra en el Templo, mira alrededor, y sale (11.11).

Leer Marcos 11.15-19

La composición de la famosa narrativa de la "Limpieza del Templo" revela otro emparedado en Marcos. El curioso relato de la maldición de la higuera (11.12-14, 20-25) forma un marco para la acción en el Templo (11.15-19). El simbolismo magistral del relato de la higuera da el marco para interpretar la proeza dramática en el Templo.

Luego de su breve recorrido en 11.11, Jesús regresa para poner en marcha sus acciones en el "mercado" del tribunal del Templo. Su blanco es la clase empresarial, a quienes "echa fuera"; el verbo griego que se emplea es el mismo que se usa en los exorcismos en Marcos. Lo de "comprar y vender" se refiere al comercio de aves y animales, así como de vino, aceite y sal que se usaban para los sacrificios en el Templo.[1]

La existencia de este mercado no habría sorprendido ni indignado a Jesús por el mero hecho de su existencia, como algunos han sugerido. La actividad comercial

---

1 Ver Hanson y Oakmann, op. cit., cap. 5, para un trato comprensivo del comercio relacionado con el Templo.

en los templos se constituía en un aspecto totalmente normal de los cultos en la antigüedad. De hecho, el Templo fue la institución económica dominante en Jerusalén, y la mayor parte de la población dependía del Templo. Más bien, el tema para Jesús era la forma en que la economía política relacionada con el culto se había vuelto opresiva para los pobres.

La alta rentabilidad del Templo estaba controlada por las familias sacerdotales. Jesús escoge dos tipos de comerciantes de bajo nivel, que representan estos poderes financieros: los "cambistas" y los "vendedores de palomas" (11.15). El primer grupo se encargaba de los cambios de dinero y transacciones, ya que los peregrinos judíos tenían que convertir todo su dinero a las monedas de Judea o de Tiro antes de poder pagar sus diezmos y tributos. Con los ingresos que vertían en Jerusalén de los judíos que venían del mundo mediterráneo y, como resultado de los ingresos de sus ofrendas, banqueros ejercían gran poder.

El segundo grupo se refiere a aquellos que traficaban con el producto básico por medio del cual los pobres cumplían con sus obligaciones culticas. Por ejemplo, los pobres tenían que ofrecer un sacrificio de palomas por la purificación de las mujeres o por la curación de los leprosos (Lv 12.6; 14.22; ver Lucas 2.22-24). Jesús "vuelca" los puestos en donde los vendedores hacían sus ganancias a expensas de los que fueron condenados a una ciudadanía de segunda clase debido a su pobreza.[2]

---

2 En Levítico, la ofrenda de una paloma existe para los que no pueden sostener el costo de un animal más grande. Ver *Levítico. A Book of Ritual and Ethics*, de Jacob Milgrom (Minneapolis. Fortress Press) 2004, 23.

Luego Marcos nos informa que Jesús "no permitía que nadie atravesara el Templo llevando mercancías." (11.16), sugiriendo algún tipo de prohibición en relación a cualquier actividad comercial para el resto del día. ¿Será razonable creer que Jesús realmente logró tal hazaña? Después de todo, allí estaba la policía de seguridad judía, y también a poca distancia había un presidio de soldados romanos, listos para proteger el buen orden de las funciones del Templo. Es mejor interpretar este episodio como una narrativa de una acción simbólica, la cual señala la intención de lograr un objetivo. Podríamos decir que Jesús "cerró" las actividades del Templo en el mismo sentido en que una protesta moderna que bloquea sin violencia la entrada del Pentágono, lo "cierra", aunque sea sólo por un tiempito.

Es obvio que para hacer tan atrevida acción se requería dar una justificación fuerte, y ésta viene con la "enseñanza" de Jesús, la cual cita dos grandes tradiciones proféticas (11.7). Primero, Jesús apela a la visión de Isaías de lo que debe representar el Templo: un refugio para todos los pueblos, especialmente para los extranjeros y los desposeídos (lea Isaías 56.3-8). Luego invoca a Jeremías para iluminar el contraste de esta visión con el estado actual del Templo. La metáfora "cueva de ladrones" viene de uno de los más amargos ataques contra el sistema del Templo en la profecía hebrea (lea Jer 7.1-14). Este oráculo advierte a los habitantes de Judá de no "confiar en…el Templo del Señor" e insiste que, si no se practica la justicia hacia "el extranjero residente, el huérfano y la viuda", el Templo va a ser destruido. Según Jesús, tal ultimátum es aplicable en el contexto de su época. En breve va a dar una lección acerca de la manera en que el sistema del Templo explota a los pobres (12.41; ver cap. 19).

Leer Marcos 11.12-14, 20-25

Ahora regresamos a la maldición de la higuera que da el marco para esta acción. En su camino a Jerusalén, Jesús condena un árbol que es incapaz de aliviar su "hambre" (11.12-14). El hecho de que no es la estación para cosechar los higos nos señala que esta es una acción simbólica. Parece ser una representación del lamento de Miqueas sobre la apostasía de Israel.

¡Pobre de mí! He llegado a ser como un hombre para quien no hay...ni un higo tierno, por lo cual mi alma tiene hambre. La gente piadosa ha sido eliminada del país, ¡ya no hay gente honrada en este mundo! (Miq 7.1s)

Después del exorcismo en el Templo, los discípulos descubren que la higuera se ha "secado de raíz" (11.20s). En la Biblia hebrea, la higuera servía como un símbolo de la paz, la seguridad y la prosperidad en Israel. La higuera llena de fruto era una metáfora de las bendiciones de Dios, mientras que un árbol marchitado era un símbolo del juicio (ver Jer 8.13; Isaías 28.3s; Joel 1.7, 12). Parece que Marcos también se acuerda del oráculo de juicio de Oseas.

Por causa de sus maldades, los expulsaré de mi casa... todas sus autoridades son rebeldes...su raíz se secó y no produce fruto. (Oseas 9.15s)

Así, la maldición de Jesús se hace una parábola política: las "autoridades", quienes sacan ganancia de la "casa", tienen que ser "expulsadas". El Templo, porque "no ha dado fruto", no está destinado para la restauración sino que "se secará".

Pero, el Templo representaba el corazón del orden social en Judea. ¿Qué podría reemplazarlo? Porque se creía que Dios moraba en el Templo, tales palabras y acciones por parte de Jesús provocarían una crisis en cuanto al sentido de la presencia de Dios entre su pueblo. Por esto, una vez cumplidas sus acciones, Jesús exhorta a sus discípulos a "¡Creer en Dios!" (11.22) Es decir, tienen que recuperar una teología del Dios del Éxodo, quien no queda domesticado bajo ningún estatus quo.

Jesús procede a instarlos a creer en un mundo liberado del Templo-estado (11.22-25). Jesús asegura a sus discípulos que se puede volcar este gran monumento, conocido en la tradición como el "monte de la casa" (11.23). La expresión "quitarlo de ahí y tirarlo al mar" nos recuerda del exorcismo de Legión por Jesús en 5.9-13. Aquí se define la fe como la imaginación política que insiste en la posibilidad de una sociedad liberada de los poderes, o sea el poder del militarismo romano o el de la aristocracia judía (11.24).

Ahora, habiendo abandonado la "Casa de Oración", Jesús concluye su homilía ofreciendo a la comunidad un nuevo centro simbólico. No es una sede institucional sino un lugar moral: la práctica del perdón mutuo dentro de la comunidad (11.25). Esta cita de la petición central de lo que Mateo y Lucas llaman el Padrenuestro representa el último rechazo por parte de Jesús al sistema de retribución basado en el Templo.

La acción de Jesús en el Tempo cumple la amenaza de juicio de Malaquías, a la cual Marcos hace alusión al principio de su historia.

De pronto vendrá a su templo el Señor a quien ustedes buscan...Estaré presto para testificar contra los...que oprimen...Ustedes están bajo gran maldición, pues es a mí a quien están robando. (Mal 3.1, 5, 9).

Además, Jesús ha hecho presente su propia parábola (ver Marcos 3.24-27), en el sentido de que ha puesto una prohibición sobre los bienes del "hombre fuerte", porque "la casa está dividida y no puede mantenerse en pie".

Capítulo 17

Devolviendo la pregunta Marcos 11.27-33; 12.13-17

El texto en su contexto

La aristocracia judía entiende bien el significado de las acciones de Jesús en el Templo. Entienden que Jesús está desafiando de frente su autoridad. Sin embargo, puesto que sus alianzas políticas con las masas son algo impredecibles, no pueden actuar contra él (11.18). Marcos ahora se dirige a una serie de tres historias conflictivas entre Jesús y estos grupos gobernantes: la discusión sobre el bautismo de Juan (11.27-33), la parábola de la viña (12.1-12) y la disputa sobre la moneda del César (12.13-17). En estos episodios Jesús va a repudiar ambas partes del dominio colonial judío-romano en Palestina.

A cada lado de la parábola se encuentran historias que son idénticas en sus estructuras: unos oponentes se acercan a Jesús y le desafían con una duda que tiene que ver con la autoridad política (11.28; 12.13s). Jesús les devuelve la pregunta con otra que les obliga a declarar sus propias lealtades en relación a la autoridad divina.

> El bautismo de Juan, ¿procedía del cielo o de la tierra? (11.30)

> ¿De quién son esta imagen y esta inscripción?...Denle, pues, al César lo que es de César y a Dios lo que es de Dios. (12.16s)

En este capítulo vamos a dar un vistazo a estos dos breves relatos, y en el próximo examinaremos la parábola, la cual enmarca los relatos. Los breves relatos muestran cómo Jesús, quien tiene que responder a las estrategias de los líderes hostiles que quieren ponerle "trampas", rehúsa responder de una manera defensiva. En cambio, demuestra el poder que una "teología interrogativa" tiene para desenmascarar las verdaderas intenciones de sus oponentes.

Leer Marcos 11.27-33

Por razones obvias, la próxima vez que Jesús está en el Templo los "sacerdotes principales, escribas y ancianos" van a la ofensiva en su contra (11.27). La aparición de este grupo, que representa el Sanedrín (el cuerpo gobernante supremo en Judea), es un mal presagio; de hecho, en los presagios que Jesús había predicho, este grupo fue mencionado como la misma coalición que va a llevar al juicio al Hijo del Hombre (8.31; 10.33).

Ellos insisten en que Jesús justifique por qué ha hecho "estas cosas" en el Templo, una clara referencia a las acciones del día anterior (11.28). Jesús, tranquilo, da la vuelta al escenario. "Yo voy a hacerles una pregunta a ustedes. Contéstenmela, y les diré con qué autoridad hago esto." (11.29). El tema del bautismo de Juan vuelve a enfocar de una manera hábil el intercambio tal que las autoridades judías quedan vulnerables (11.30). No pueden hacer elogios al profeta asesinado Juan, porque se opusieron a él y, sin duda, consintieron a su encarcelamiento (11.31). No obstante, a causa de su enorme popularidad, algo que sin duda subió como un cohete luego de su martirio, tampoco podían denunciarlo públicamente. (11.32).

Esta pesadilla de "relaciones públicas" es precisamente el dilema que se les enfrenta en el desafío de Jesús quien, como ya se ha hecho claro en la historia, se ha alineado con Juan. Así, cuando las autoridades son evasivas, Jesús simplemente se va, rehusando sujetarse a sus acusaciones. En cambio, él persigue implacablemente las suposiciones de aquellos en el poder. En esto, Jesús se hace un modelo para todos los que practican la "desobediencia civil" como un acto político positivo, desobedeciendo una ley del estado para cuestionar su fundamento moral.

Leer Marcos 12.13-17

Pasando por alto la parábola de la viña por un momento, nos dirigimos al episodio de los impuestos. Este texto ha sido por mucho tiempo malinterpretado por aquellos que quieren imponer una doctrina teológica de los "dos reinos". En cambio, debemos leer este dualismo en términos de una "visión bifocal" apocalíptica (ver cap. 11). Como muestra el paralelo retórico en el episodio del bautismo, el tema no es la compatibilidad entre los reclamos de la autoridad "del cielo" y de "la tierra", sino del conflicto entre ellos.

En el momento histórico en que Marcos escribió su evangelio, que fueron los últimos días de la rebelión judía, la cuestión de pagar el tributo a Roma, sí o no, fue realmente una "prueba" que creó una división entre los nacionalistas judíos y los colaboradores con la ocupación colonial de Roma (12.13, 15; ver también cap. 20). "¿Debemos o no debemos pagar?" (12.15) Desde el punto de vista de Jesús, la cuestión no es de él sino de ellos. Producen una moneda con la imagen del César, que les obliga a reconocer su colaboración con Roma. De aquí en adelante esta imagen se hace el enfoque central de la historia (12.16).

A los ojos del público de Marcos, la imagen por si sola debiera de ser suficiente para resolver el asunto. En medio del conflicto, ningún verdadero patriota judío hubiera hecho uso de una moneda tan idólatra (el gobierno provisional revolucionario en Palestina acuñó sus propias monedas). Además, para los cristianos el asunto hubiera quedado resuelto por la inscripción en la moneda, la cual ensalzó al César como el "Augusto y Divino Hijo", porque esta es la identidad de Jesús. Sería difícil plantear de una manera más aguda la oposición articulada en 12.17 entre las autoridades rivales, Dios y el César. No hay ninguna razón para leer la declaración "rendir al César" como una exhortación de pagar el impuesto. Jesús, quien no lleva tal moneda en su bolsa, escapa de la trampa puesta por sus antagonistas cuando les desafía a revelar sus propias afiliaciones políticas. Es esto lo que provoca su incredulidad, ¡algo que ninguna doctrina de una ciudadanía obediente hubiera producido!

La mayoría de los episodios en el evangelio de Marcos están compuestos alrededor de preguntas planteadas a Jesús, por Jesús, o acerca de Jesús; así desde su inicio (1.24) hasta su final (16.3). Se presenta a Jesús no como un sabio quien explica los misterios de la vida, sino como el gran interrogador de los arreglos públicos y privados, de los privilegios y del poder. Sus interrogativas revelan los "conflictos internos" tanto de sus discípulos como de sus oponentes (2.8; 8.16s; 9.33s; 11.31). A veces las preguntas que se presentan son agudamente retóricas. ¿Puede Satanás exorcizar a Satanás? (3.23) o ¿Qué hará el dueño de la viña? (12.9). Otras veces vienen envueltas en metáforas. ¿Acaso se trae una lámpara para ponerla debajo de un cajón o debajo de la cama? (4.21) o ¿Acaso pueden ayunar los invitados del novio mientras él está con ellos? (2.19).

Las preguntas que Jesús plantea desafían las premisas de la cultura dominante ("¿Cómo pueden decir los escribas...?" 12.35) y las de sus propios discípulos ("¿Aún no entienden?" 8.21). Sobre todo, cuestionan nuestro conocimiento bíblico. ¿No han leído...? (2.25; 12.10) y ¿No está escrito...? (9.12; 11.17). Aún cuando corre el riesgo de ser denunciado y sus oponentes chocan públicamente con él, Jesús actúa como un fiscal, y no un acusado que se defiende. ¿Qué está permitido los sábados: hacer el bien o hacer el mal...? (3.4) Tan hábil es Jesús para devolverles la pregunta que, al fin, Marcos nos dice, "nadie se atrevió a hacerle más preguntas." (12.34)

La estrategia pedagógica de Jesús es romper el hechizo de credibilidad que el orden social echa sobre sus sujetos, y así forzar una crisis de fe. Involucra al discípulo-lector no con respuestas que le den paz, no con respuestas que satisfacen "los requisitos de la lógica", sino más bien con incertidumbres perturbadoras que le animan a buscar el cambio. ¿Podría esto sugerir que el discurso teológico de la iglesia debe ser menos declarativo y más interrogatorio?

Capítulo 18

Poner al día el cántico de la viña
Marcos 12.1-12

El texto en su contexto

Leer Marcos 12.1-12

Examinamos anteriormente la manera en que el uso diestro de las parábolas por parte de Jesús era altamente político (3.23, ver cap. 4; 4.30-32, ver cap. 5). Cuando él relata a las autoridades la parábola que tratamos aquí, no es ninguna excepción.

Jesús fundamenta la parábola sobre "el cántico de amor para mi viña" de Isaías (Is 5.1ss). Este oráculo inicia acordándonos de la labor dura de un agricultor frustrado, quien invierte en un terreno. Lo limpia, lo cultiva y construye un muro y una torre para protegerlo (Is 5.2). Sin embargo, el cántico se convierte en un lamento cuando el agricultor tiene que abandonar el terreno porque no da fruto (Is 5.3-6).

Al finalizar la parábola en 5.6, Isaías pone en claro que esto es una alegoría.

> La viña del Señor Todopoderoso es el pueblo de Israel;
> Los hombres de Judá son su huerto preferido.
> Él esperaba justicia,
> pero encontró ríos de sangre
> esperaba rectitud,
> pero encontró gritos de angustia. (5.7)

A base de esta señal de que es una alegoría, los intérpretes de Jesús han concluido apresuradamente que la parábola es nada más que una alegoría acerca de la muerte de Jesús, el "hijo amado" (12.6). Sin embargo, tanto en el caso de Isaías como en el de Marcos, las parábolas no son meramente alegóricas. Igual como las parábolas de la semilla en Marcos 4, reflejan las experiencias que están viviendo las personas a las cuales las parábolas están dirigidas.

Los agricultores de Palestina luchaban para cultivar el suelo rocoso de la tierra, y frecuentemente perdían la batalla para sacar su subsistencia de la tierra. Sin embargo, con más frecuencia aún, las fuerzas económicas no naturales les expulsaron de sus terrenos, especialmente la concentración de la tierra agrícola en manos de unos pocos terratenientes (ver cap. 5). Es por esto que el cántico de amor de Isaías se convierte en una furiosa acusación para los ricos, quienes "acaparan casa tras casa y se apropian de campo tras campo hasta que no dejan lugar para nadie más..." (Is 5.8), y viven en lujo (5.11s), y "llaman a lo malo bueno y a lo bueno malo..." (5.20).

Jesús retoma el cántico de Isaías, poniéndolo al día para renovar el ataque profético. A la descripción que

Isaías da del terreno, agrega que el dueño "lo arrendó" y luego "se fue de viaje" (Marcos 12.1). La clave para la interpretación de la parábola está en este cambio, porque los lectores de Marcos sabían que la mayoría de los miembros de la clase gobernante de Judea fueron también terratenientes absentistas. Al igual que en la parábola del sembrador, esta historia tiene que ver con una inversión de los roles. El relato del sembrador trata sobre y se dirije a campesinos, y les invita a imaginar una situación en que ellos mismos controlan el excedente que su mano de obra produce (ver cap. 5). A la inversa, el relato de la viña, trata sobre y es dicho a las autoridades en Jerusalén, desafiando a los terratenientes actuales a imaginar cómo es la vida desde la perspectiva amarga de los arrendatarios rebeldes.

Estos "arrendatarios" sienten rabia por el hecho de que tienen que entregar los productos de su mano de obra al agente del terrateniente absentista, y así toman la decisión de resistir con violencia a los que vienen para extraer su excedente (12.2-5). Al fin, conspiran para "adueñarse" de la tierra; con razón suponen que si pueden matar el "heredero", el título pasará a ellos (12.6-8).

Aquí hay dos niveles operando simultáneamente. En el nivel literal, la historia es una representación precisa de la lucha violenta entre los arrendatarios sin derechos y los terratenientes opresivos, la cual frecuentemente resultaba en rebeliones de campesinos, los cuales inevitablemente eran aplastados por las fuerzas superiores reunidas por los dueños (12.9). En el nivel alegórico la parábola tiene que ver con la clase gobernante (12.12). Según Isaías, la viña pertenece a Dios. De una manera parecida, Levítico insiste que únicamente Dios es el verdadero dueño de la tierra. "La tierra no se venderá a perpetuidad, porque la tierra es mía y ustedes aquí no son más que forasteros y huéspedes." (Lv 25.23)

La pregunta retórica de Jesús en 12.9 equivale a decir: ¿cómo se sienten, ahora que están al otro lado de la violencia de los terratenientes? Esto es lo sorprendente en la parábola, adjudicar el rol de arrendatario a los dueños. Por medio de esta inversión de los roles, Jesús denuncia a la clase gobernante por el asesinato brutal de todos los "enviados por el verdadero dueño", una larga cola de profetas. Además, les declara culpables de conspirar para "adueñarse" (debido a la ganancia comercial) de lo que es un don de Dios para todos. Esta parábola contribuye a socavar las pretensiones económicas y políticas de las autoridades, quienes ya están desarrollando un complot contra Jesús.

Para concluir, Marcos cambia las metáforas citando el salmo 118.22 (12.10s), el cual se referencia a "los constructores" y "la piedra angular" que irónicamente llegará a tomar un significado cuando Jesús prediga el desmantelamiento del Templo-estado "piedra por piedra" (13.2). Lo que sigue a esta predicción es una denuncia legal en su contra: que él habría abogado la demolición del santuario para luego "volver a construirlo" (14.58). Sin embargo, a pesar de que las autoridades entienden perfectamente el desafío de Jesús a su liderazgo, una vez más no pueden prenderlo, ¡por causa del apoyo popular a su crítica de ellos!

Capítulo 19

Discutiendo las Escrituras Marcos 12.18-13.2

El texto en su contexto

Leer Marcos 12.18-27

Jesús sigue su disputa con las autoridades. Esta vez son los saduceos quienes emprenden el ataque. Los saduceos eran los más conservadores de los grupos gobernantes. El historiador Josefo escribió sobre ellos que gozaban "de la confianza únicamente de los ricos, pero sin seguidores entre la población general". Ellos rechazaban la idea de la resurrección de los muertos, y con el fin de ridiculizar a Jesús, plantean un escenario absurdo (12.19-23). Este tiene que ver con la práctica de la ley del levirato, en la cual el hermano de un difunto tenía la obligación de casarse con la esposa de su hermano en caso de que el primer matrimonio no hubiera engendrado ningún heredero varón (lea Dt 25.5-10). Por medio de esta práctica se perpetuaba el sistema familiar patriarcal y se transmitía el patrimonio.

Claro, lo que plantean los saduceos es que no habría ninguna manera ordenada de determinar cuál de los siete hermanos tendría "posesión" de la mujer en tal vida venidera. La respuesta de Jesús se opone a su actitud, que ve a las mujeres como instrumentos, y a todo el sistema que protege los privilegios de ciertas clases por medio de la sucesión patrilineal. En cambio, Jesús reafirma una visión de un mundo transformado. La mujer no va a "pertenecer" a ninguno de los hombres, porque en la vida de la resurrección no existe el matrimonio patriarcal (12.25). Luego, Jesús sostiene que la bendición de la posteridad será garantizada, no por las estructuras de la sucesión de varones, sino por la promesa de Dios, como atestigua el caso del linaje de Abraham, Isaac y Jacob (12.26s).

Los saduceos, quienes gozaban de posiciones privilegiadas en esta vida, negaban la posibilidad, en este mundo o el próximo, de cualquier arreglo social que no fuera el arreglo actual, el cual les beneficiaba. En cambio, Jesús ataca la premisa de que el "mundo de la resurrección" sencillamente refleja las relaciones del poder prevalecientes en su contexto actual. Invocando a Moisés y la zarza ardiente, él apela al Dios que no se puede nombrar (lea Ex 3.2-14). Esto implica que la "realidad última", lejos de legitimar el estatus quo, lo socava con una visión de relaciones humanas transformadas. Jesús es enfático, al apuntar el hecho de que los saduceos "están equivocados" al inicio y al fin de su argumento, y acusa de ignorancia de "las escrituras y el poder de Dios" (12.24) a estos hombres altamente instruidos.

Leer Marcos 12.28-40

La narrativa de Jerusalén concluye con una serie de choques con los escribas, los oponentes principales de Jesús. La sección inicia con el desafío de interpretar el gran mandamiento, lo cual constituía el punto central en los debates entre los rabinos (12.28). Jesús conoce la respuesta "ortodoxa" a la pregunta del escriba; cita el Shemá (12.29s; ver Dt 6.4). Sin embargo, se atreve a agregar al Shemá otra cita del código de la justicia en Levítico, algo que implica que amar a Dios es rechazar la explotación del prójimo (12.31; lea Lv 19.8-17).

Según la narrativa de Marcos, la explotación es precisamente lo que el sistema sostenido por los escribas perpetuaba. Por eso, aunque parece que este escriba está teóricamente de acuerdo (aún cita Oseas 6.6 en son de aprobación), Jesús no llega a abrazar su respuesta (12.34a). ¡Ha aprendido a desconfiar de los halagos (ver 10.17 y 12.14)! La soberanía de Dios exige más que una aprobación intelectual y ortodoxa; es necesario que haya una práctica de la justicia. Después de haber callado a los que lo criticaban, Jesús vuelve a la ofensiva contra la clase escribana (12.34b).

De nuevo en el Templo, Jesús finalmente se dirige directamente al tema del Mesianismo Davídico (12.35-37). Aquí "ser hijo" no tiene que ver con la genealogía, sino más bien con una ideología política. Los escribas suponían que el Mesías iba a actuar para restaurar la monarquía davídica, y que esto resultaría en una elevación de su propia posición. Pero, citando el Salmo 110, Jesús pone la ecuación a la inversa: aún David es subordinado a la soberanía de Dios. Jesús no tiene ningún interés en rehabilitar los viejos sueños de un imperio davídico, precisamente porque desde su punto de vista es la política de la dominación que constituye el problema.

Ahora, Jesús da instrucción a la multitud en cuanto al pensamiento crítico. Les da una advertencia en contra de las pretensiones de la clase de escribas, que retrata de preocupada solamente con el mantenimiento de su estatus social y sus privilegios (12.38s). Esto será una antítesis de su llamado de ser "los últimos" y "siervos" (10.43s). Son palabras duras, y después se ponen aún más duras.
Se atribuye la afluencia de los escribas al hecho de que "Se apoderan de los bienes de las viudas y a la vez hacen largas plegarias para impresionar a los demás." (12.40). Es probable que Jesús se refiera a la práctica del beneficiario legal, en que se entregaba los bienes a los escribas para administrarlos, ¡porque se pensaba que la viuda era incapaz de manejar tales asuntos! Como compensación, el fideicomisario recibía un porcentaje, y el fraude y el abuso no estaban fuera de lo común. Igual como en la disputa anterior sobre la práctica del *korban* (7.9ss) y también en el transcurso de la limpieza del Templo (ver cap. 16), Jesús critica el uso de la "piedad" como una máscara para esconder el "robo".

***Leer Marcos* 12.41-13.2**

El último episodio en el Templo provee a Jesús la oportunidad de dar una lección en relación con la explotación de las viudas (12.41-44). Jesús toma un asiento "frente a" el arca de la ofrenda (12.41). Al ponerse frente al arca de la ofrenda, adopta la misma postura antagonista que luego va a adoptar hacia el edificio del Templo entero, cuando habla de su desaparición (ver 13.2). Siempre consciente del tema de la clase social, Marcos resalta el contraste entre las grandes contribuciones que los ricos depositan en el arca de la ofrenda y las sumas magras de los pobres (12.41s). Enfurecido al observar a la viuda desprovista por su obligación de diezmar, Jesús llama a sus discípulos para darles otra enseñanza solemne (12.43s).

Durante mucho tiempo se ha trivializado el comentario de Jesús, tratándolo como un elogio pintoresco de la piedad superior de los pobres, cuando de hecho es una denuncia mordaz. Jesús considera esto como un ejemplo de "devorar la casa de una viuda": "¡Ella echó todo lo que tenía, todo su sustento!" El Templo, igual que la clase de los escribas, ya no protegía a los pobres sino que los aplastaba. Su ataque contra la economía política del Templo y sus administradores ya está completo, y Jesús sale del recinto del Templo por última vez en disgusto (13.1).

Hay una simetría intencional entre el asombro de los discípulos al ver el edificio del Templo ("¡Mira, Maestro!" 13.1), lo cual Jesús acaba de repudiar, y su sorpresa anterior al ver el efecto de la maldición sobre la higuera ("¡Mira, Maestro!" 11.21). Las instituciones claves en una sociedad siempre son "más grandes que la vida", y de hecho, se consideraba al Segundo Templo de Herodes como una de las maravillas arquitectónicas del antiguo mundo mediterráneo. La institución del Templo determinaba todo aspecto del universo judío: su cosmología, su política y su economía. Así, cuando Jesús pregona su destrucción total (13.2), ¡no debe sorprendernos que los discípulos respondan aterrorizados con preguntas acerca del "fin del mundo"! (13.4) Y para articular su visión alternativa, tiene que recurrir al lenguaje de la apocalíptica (ver el capítulo próximo).

Capítulo 20

La paciencia que transforma el mundo Marcos 13.3-37

El texto en su contexto

Trasfondo: la rebelión judía

El segundo gran sermón de Jesús (13.5ss) alude a eventos que se dan en medio de la Rebelión Judía del 66-70 e.c., que es el momento histórico en que Marcos escribió. En junio del 66, una insurrección se inició en Jerusalén contra el dominio de Roma, la culminación de décadas de desasosiego social ampliamente extendido, en medio del cual la posibilidad de una insurgencia armada quedaba siempre en el ambiente. Los rebeldes pusieron un alto a los sacrificios en el Templo en pro del emperador, y echaron fuera de la ciudad a la aristocracia judía sacerdotal y a las cohortes romanas. Quemaron los archivos públicos, incluso los registros de deudas. La rebelión se desplegó a las provincias en su alrededor. En noviembre, el contraataque romano empezó bajo Galio, el legado romano de Siria. Sin embargo, los guerreros nacionalistas lograron repelar las fuerzas imperialistas, y por unos pocos años muchas partes de Palestina fueron liberadas del dominio romano.

A pesar de intensas luchas de poder internas, los judíos lograron constituir un gobierno provisional; y los rebeldes empezaron a prepararse para el próximo asedio de Jerusalén, el cual seguramente iba a llegar. El próximo verano el ejército romano inició una campaña masiva contrainsurgente, inmediatamente retomaron la mayor parte de Galilea, y siguieron hacia el sur en una campaña brutal de tierra quemada. Sin embargo, debido a una guerra civil en Roma, el esfuerzo militar romano se detuvo. Así el ataque final a Jerusalén no comenzó sino hasta la primavera del 70 e.c., bajo Tito. Mientras tanto había entre los judíos una serie de golpes de estado y contra-golpes internos, con las facciones rebeldes moderadas y las facciones radicales anticlericales disputándose el liderazgo.

Sin duda, para los judíos palestinos que eran leales al Templo-estado, los terribles levantamientos sociales y políticos de la guerra contra Roma anunciaron "los signos del fin" (ver 13.4). Pero, desde la perspectiva de Marcos, tal rebelión sólo representaba el "principio" de un ciclo de violencia más (13.7s). Por causa del inminente asedio romano de Jerusalén, reclutadores para la rebelión circulaban en toda Palestina, llamando a judíos patriotas a defender Jerusalén (13.6, 21s).

Según Marcos, sólo había una voz que podía detener aquel llamado persuasivo a tomar armas, la voz de Jesús. Su sermón apocalíptico, con su refrán de aviso "¡Tengan cuidado...!" (13.5,9,23,33), nos sugiere que la comunidad de Marcos adoptó una postura crítica, tanto de los colaboradores con el imperio como de los nacionalistas. Su postura no violenta, que se rehúsa a cooperar con las guerrillas judías y con la contrainsurgencia romana, fue respondida con persecución desde ambos lados de la guerra (13.9-13). En nuestro pasaje los discípulos dan voz a su preocupación ansiosa, una preocupación compartida con tal comunidad atrapada en la guerra. Plantean una doble pregunta a Jesús (13.4).

> ¿Cuándo sucederá esto? y
> ¿Cuál será la señal de que todo está a punto de cumplirse?

Las dos partes del sermón nos proveen la respuesta de Jesús, según el siguiente esquema: la primera mitad (13.5-22) se dirige al "tiempo" y la segunda a los "signos" (13.23-37). Ambas partes reiteran el consejo del profeta Daniel quien, dos siglos antes, en el transcurso de la rebelión de los Macabeos, había animado a los fieles a resistir tanto a la bestia imperial como a las ilusiones engañosas del nacionalismo belicoso (Daniel 7-11). En el corazón del sermón se encuentra el llamado de Jesús a abandonar Jerusalén (Marcos 13.14b-20); esto por el convencimiento apocalíptico de que no se puede establecer un orden social verdaderamente justo por medio de la espada. Ante la caída de los poderes (13.23-27) y una verdadera transformación del mundo (13.28ss), Jesús instruye a los discípulos que "esperen y tengan cuidado".

Leer Marcos 13.3-23

La primera mitad del sermón está estructurada en dos partes alrededor de una exhortación a adoptar una conciencia crítica.

Cuando escuchen de guerras
y de rumores de guerras... (13.7)

...el que se mantenga firme hasta el fin será salvo. (13.13)

Cuando vean "el horrible sacrilegio"... (13.14)

...si el Señor no hubiera cortado estos días,
nadie sería salvo. (13.20)

Habría una preocupación particular con las afirmaciones de seducción por parte de los que abogaban por la lucha mesiánica definitiva.

> Tengan cuidado que nadie les desvíe. Vendrán muchos que, usando mi nombre, dirán: "Yo soy", y desviarán a muchos. (13.5s)
>
> Si alguien les dice a ustedes. "¡Miren, aquí está el Cristo!" o "¡Miren, allí está!", no lo crean. Porque surgirán falsos cristos y falsos profetas que harán señales y milagros para engañar, de ser posible, aún a los elegidos. Así que tengan cuidado; les he prevenido de todo. (13.21-23)

La comunidad cristiana tiene que cuidarse de no ser seducida por la histeria de "las guerras y los rumores de guerras" y las promesas de que tal lucha armada vaya a poner fin al viejo orden (13.7). Jesús hace una parodia de tales afirmaciones, aseverando que representan "apenas el comienzo de los dolores" (13.8; ver Is 26.17; Jer 22.23; Oseas 13.13; Miq 4.9s).

Luego viene una instrucción específica a la comunidad, la cual está aguantando una feroz persecución desde ambos lados opositores de la guerra. Jesús confirma que sus seguidores serán "entregados", ambos a los concilios en las sinagogas judías y a los gobernadores imperiales (13.9). En medio de este holocausto, los discípulos tienen que mantenerse enfocados en las buenas noticias de la soberanía de Dios, y confiar que el Espíritu les acompañará en sus juicios (13.10s). El realismo de Marcos reconoce que esta persecución va a dividir a familias y que la comunidad sufrirá defecciones (13.12s; ver Miq 7.6); pero Jesús no pide a sus discípulos que aguanten cosas que él mismo no va a enfrentar. Él también será "entregado" y su propia "familia" le traiciona.

Tanto el "horrible sacrilegio" (ver Dan 11.31; 12.11), como el comentario críptico editorial por parte de Marcos en 13.14 ("el que lee que lo entienda"), se refieren al asedio final de Jerusalén por parte del ejército romano. En la tradición de Jeremías (Jer 21), Jesús exhorta a sus seguidores a abandonar la defensa del Templo-estado porque es una causa perdida. Las condiciones descritas en 13.15-18 claramente reflejan el aprieto de los que tienen que refugiarse en medio de una guerra. Esta supuesta "guerra de liberación", desde el punto de vista de Marcos, es un desastre que sirve solamente para hacer víctimas a todos (13.19s). Con una última exhortación a la resistencia se cierra la primera mitad (13.21-23; ver Dan 12.1).

Leer Marcos 13.24-37

La segunda mitad del sermón emplea el lenguaje del simbolismo apocalíptico para responder al pedido de las "verdaderas señales" del fin del mundo. La visión apocalíptica busca poner fin a la política de la violencia, y no meramente reciclarla. Jesús plantea que las cosas cambiarán sólo cuando los principados y potestades sean sacados de sus "tronos celestiales" (13.24s). Pero, ¿cómo se va a lograr tal cosa?

Los profetas del Antiguo Testamento emplean la desintegración del cosmos como un símbolo de juicio (13.26; ver Is 13.10; Ez 32.7s; Amos 8.9; Joel 2.10). En 13.24 (y en 13.28), Marcos hace alusión a Isaías 34.4.

> Se desintegrarán todos los astros del cielo
> y se enrollará el cielo como un pergamino;
> toda la multitud de astros perderá su brillo,
> como lo pierde la hoja marchita de la vid,
> o los higos secos de la higuera.

Marcos específicamente identifica el fenómeno del sol oscureciendo con la revelación del Hijo del Hombre (13.26). Es la segunda alusión en la narrativa de Marcos al "adviento" dramático del Hijo del Hombre.

> Si alguien se avergüenza de mí y de mis palabras en medio de esta generación adúltera y pecadora, también el Hijo del Hombre se avergonzará de él cuando venga en la gloria de su Padre con los santos ángeles...Les aseguro que algunos de los aquí presentes no sufrirán la muerte sin antes haber visto el reino de Dios llegar con poder. (8.38-9.1)

> Verán entonces al Hijo del Hombre viniendo en las nubes con gran poder y gloria. Y enviará a sus ángeles... (13.26s)

Además, en medio del juicio de Jesús hay una tercera alusión.

> ...verán al Hijo del Hombre sentado a la derecha del Todopoderoso, y viniendo en las nubes del cielo. (14.62).

La teología tradicional ha considerado que estos versículos se refieren a un tiempo más allá de los límites de la narrativa y de la historia, la "Segunda Venida". Pero de hecho Marcos relata este momento dentro de su narrativa.

Las tres "predicciones" del adviento del Hijo del Hombre tienen sus paralelos en los tres "presagios" de la muerte del Hijo del Hombre en manos de las autoridades (ver cap. 11). Además, cada predicción asevera que ciertas personas "van a ver" este evento dramático: los discípulos, las potestades y el Sanedrín, respectivamente. Como vamos a ver, es cierto que "algunos de los discípulos" (15.40) y las autoridades (15.31) "ven" la crucifixión de Jesús (ver cap. 24). ¿Será que también las potestades la ven? Mientras Jesús queda colgado en la cruz, por lo menos una de las señales cósmicas en 13.24 se cumple. ...toda la tierra queda en oscuridad (15.33; ver cap. 24).

Esto es el corazón del planteamiento apocalíptico de Marcos. La muerte del Hijo del Hombre y su revelación "en poder y gloria" son el mismo momento. Es por medio de su demostración del poder no violento en la cruz que las potestades quedan derrocadas. Sin embargo se necesita la visión bifocal desde la fe apocalíptica para "ver" esto (ver cap. 11). A pesar de que la iglesia primitiva entendía este "misterio" de la cruz (ver 1 Cor 2.7s; Col 2.13-15), la iglesia moderna no lo ha entendido.

El sermón termina con dos parábolas. La primera vuelve a la imagen de la higuera (11.13, 20; ver cap. 16). Jesús propone la higuera frondosa, pero sin fruto, como una señal de la "cosecha" apocalíptica (13.28s; ver

Amos 8.1s; Joel 3.13). Luego, en v. 28, "que estas cosas están pasando" se refiere al anterior exorcismo del templo por parte de Jesús. Así el mundo del Templo-estado está llegando a su fin. "Esta generación" será testigo de este eclipse (13.30), algo que hace alusión a la primera predicción que hizo Jesús del adviento del Hijo del Hombre (8.38s). Las "palabras" de Jesús (sobre la cruz, 8.32, 38) mantendrán su vigencia (13.31). Esta es la "lección de la higuera" que tenemos que "aprender" (13.28).

En la segunda parábola, se vuelve a afirmar el verdadero "señorío" de Dios sobre la "casa" (13.34-37). Aunque todavía no sabemos cuándo la historia será liberada de la mano de las potestades (13.32s), ya se nos ha informado cómo. Ahora el aviso de "tener cuidado" se torna en un mandamiento de "mantenerse despiertos". Se va a volver a escuchar estas exhortaciones en el jardín de Getsemaní, al momento en que Jesús escoge el Camino de la cruz (pero sus discípulos, no; 14.32-41; ver cap. 22). En el transcurso del relato de la Pasión, se van a narrar las "vigilias de la noche" (al atardecer, a la medianoche, al canto del gallo y al amanecer, 13.35).

En otras palabras, el mundo se ha tornado Getsemaní. Todos (13.37) tenemos que mantenernos despiertos a través de la noche oscura de la historia, "velando" para las posibilidades de una verdadera transformación.

V. El Camino del Hijo del Hombre

Meditación inicial

Les aseguro que en cualquier parte del mundo donde se anuncie las buenas nuevas, se contará también, en memoria de esta mujer, lo que ella hizo. (Marcos 14.9)

Hace unos años la escultora Judy Chicago produjo una poderosa obra de arte titulada "La fiesta de la cena". Su proyecto consistía en una hermosa mesa triangular servida para docenas de mujeres de toda época cuyas historias nunca habían sido adecuadamente contadas; la memoria de ellas quedó ya desvanecida y lejana. Inscritos en el piso abajo y alrededor de la mesa se encontraban los nombres de cientos de otras mujeres importantísimas pero casi olvidadas. Los arreglos de la mesa eran altamente simbólicos; su tela y cerámica, su bordadura y tejido describían la vida y las características de ellas.

Inspirado por la obra de Judy Chicago, el Centro para la Nueva Creación, un proyecto ecuménico para la paz y la esperanza activo en Arlington, Virginia desde 1979 hasta 1994, diseñó una celebración en que las mujeres se reunirían todo un día, y la celebración incluía una comida ritual. Simbólicamente presente estuvieron cientos de mujeres y hombres que, en el transcurso de varios siglos, habían vivido en diferentes culturas y estratos socio-económicos. El nombre que dio a la celebración fue "La Mujer: Una Celebración de su Historia".

Imagine que usted reciba una invitación a una celebración "en memoria de ella" (Marcos 14.9), especialmente para honrar a la mujer que ungió a Jesús en preparación para su muerte, pero también para recordar de la herencia rica y bella de las mujeres que han dado forma a la historia y a nuestras vidas. Estas mujeres sirven como modelos para nuestro discipulado hoy en día.

¿Qué pasó con esta mujer, que sobrepasó los límites que definían las relaciones apropiadas entre hombres y mujeres en su época? ¿Por qué debemos celebrarla? ¿Cuáles eran las implicaciones de tal acto de compasión por parte de esta mujer? ¿Cómo lo entendió la comunidad del discipulado? Más importante todavía, ¿cómo entendió Jesús mismo tal momento de amistad en medio de una lucha que iba a pagar con su vida? El Jesús de Marcos dijo que siempre se va a contar la historia de esta mujer.

Pero no ha sido contada. A ella no se le identificó como la persona que comprendió. No se le ha nombrado como la fiel que sabía en su alma el costo del discipulado.

Mientras que anticipas tal "celebración", acuérdate de otras mujeres en el evangelio de Marcos cuyas historias te han enseñado algo importante. Honramos sus historias de sufrimiento y coraje, de opresión y resistencia, de discipulado fiel. Así como ellas nos han dado la bienvenida a un discipulado de iguales, nosotros también les damos la bienvenida como guías y luces en nuestras vidas.

Damos la bienvenida a la suegra de Simón, a la mujer siro-fenicia y su hija, a la divorciada, a la viuda pobre, a María Magdalena, a María la madre de Jacobo y José y a Salomé (Marcos 15.40). Damos la bienvenida también a las mujeres sin nombre y las no mencionadas en el evangelio de Marcos. Deténgase por un momento y considere a las muchas mujeres que ni se mencionan en la historia, quienes tenían un rol de igual importancia con el de muchos personajes varoniles. Hable sobre algunas de ellas en voz alta: las esposas e hijas de los hombres matados en la parábola de los malos labradores; las muchas discípulas de Jesús que ni se saben sus nombres.

Acuérdese también de otras mujeres, en la historia del mundo o en su herencia personal, cuyas memorias quiere celebrar. Considere mujeres de todas las razas, escuchando con un cuidado especial a las voces de mujeres viviendo en mundos de pobreza e injusticia, a las voces de las mujeres del Tercer Mundo, incluso a las que viven como inmigrantes, cuya lucha se junta con la lucha eterna por realizar el Reino de Amor.

La memoria y el rito tienen un rol decisivo para sostener la identidad y el coraje de una comunidad alternativa. Ahora caminamos con Jesús a la cruz. Él mismo dirigió nuestra mirada a la sabiduría de la mujer quien, parece, entendió el mensaje radical al cual él dio voz y el costo tremendo que el mensaje requería. En nuestro contexto, su voz emerge en las voces de las y los que, aunque antes no se les había escuchado ni hecho caso, entienden muy bien la historia y sus implicaciones para nuestro mundo. Que su memoria sea recuperada, y también la memoria de otras sabias que nos guían mientras que nosotros, también, nos esforzamos a seguir.

Capítulo 21

La intimidad y la traición
Marcos 14.1-25

El texto en su contexto

Ahora nuestra lectura se acerca al trágico desenlace y al sorprendente final de la historia de Marcos. La doble trama de Marcos converge. Por un lado, está la consecuencia de la lucha de Jesús con las autoridades (su arresto). Al otro lado, la incapacidad de los discípulos para entender y abrazar el Camino también llega a su conclusión lógica (la deserción).

El segundo sermón de Jesús nos exhorta a mantenernos en vigilia para el "momento" apocalíptico en que el Hijo del Hombre derribe a las potestades (13.24-37). Sin embargo, cuando Marcos narra tal momento, nosotros, al igual que los discípulos, nos encontramos desprevenidos.

La "narrativa de la Pasión" es un drama intensamente político, lleno de conspiraciones y acciones encubiertas, con maniobras judiciales e intercambios de prisioneros, con tortura y pena de muerte ejecutadas apresuradamente. Sin embargo, hay una tendencia a suprimir estos temas tan crudos tanto en nuestras interpretaciones teológicas tradicionales como en nuestras piadosas reproducciones litúrgicas de Semana Santa, tal vez porque nos incomoda el hecho de que están tan presentes en nuestro mundo. Sin embargo, no podemos entender la esperanza a la cual esta narrativa está atestiguando si no llegamos a entender su terrible realismo.

Marcos inicia su narrativa de la Pasión con dos relatos que presentan a Jesús como "rey": su unción (14.3-9) y un banquete (14.17-25). Cada relato prepara al lector para el desarrollo trágico que pronto se dará en la trama, en la cual este "mesías" no lidera al pueblo a lograr un gran triunfo militar, sino que es derrotado. Además, Marcos abre y cierra la narrativa de la Pasión con relatos de mujeres que desean ungir a Jesús ritualmente para su entierro (14.3-9; 16.1ss). La función de poner estos paréntesis a la narrativa es para darle al lector la esperanza de que, aun cuando los discípulos varones abandonen el Camino de la cruz, hay discípulas que lo entienden y lo aceptan.

Leer Marcos 14.1-9

En el versículo 14.1, la trama nos lleva de nuevo al corazón del orden social judío: Jerusalén en los días sagradísimos de la Pascua. Estos días de fiesta siempre habían sido ocasiones de una turbulencia política en la Palestina colonial, porque la Pascua era un tiempo en el cual la gente reflexionaba sobre la historia de la liberación en el Éxodo. Es en este contexto de preocupación con el mantenimiento del orden público que Marcos vuelve a introducir la conspiración contra Jesús por parte de los que gobiernan en Jerusalén (14.2).

Mientras tanto Jesús está compartiendo la mesa con un leproso, practicando hasta el fin la solidaridad con los "pequeños" (14.3). Una vez más, le interrumpe una mujer anónima. Ella, a juzgar por su atrevido acercamiento y su costoso perfume, era probablemente una prostituta. De nuevo, los que están con Jesús se oponen, esta vez por el "gasto innecesario" (14.4s). Es de suma ironía que en el futuro cercano la misma preocupación con el dinero va a llevar a Judas a cometer su defección y ponerse al lado de las autoridades (14.10s).

Para defenderla, Jesús se dirige primero al supuesto compromiso con los pobres por parte de los que la critican. El dicho del versículo 14.7, empleado tan notoriamente en la historia de la iglesia para justificar la existencia de la pobreza, no es una declaración acerca de los pobres sino más bien se refiere a la ubicación social de la iglesia del discipulado. "A los pobres siempre los tendrán con ustedes, y podrán ayudarlos cuando quieran..."[1] Luego, Jesús interpreta la acción de la mujer como "una obra hermosa" (14.6), llamándola una "unción" (14.8). De manera dramática, transforma el derrame de aceite sobre su cabeza en términos de la unción profética de David y Saúl por parte de Samuel

1 La palabra griega traducida "siempre" es *pantote*. Esta puede significar "para siempre" (hacia el futuro) o "en todo momento". Aquí se la interpreta en el sentido de que "en todo momento está la presencia de los pobres en la vida de los discípulos". "Y podrán ayudarlos cuando quieren" nos remite a Dt 15.1-11, un pasaje del Jubileo.

(1 Sam 10.1; 16.12ss). Es obvio que este relato subvierte las ideas tradicionales acerca de los reyes y el liderazgo varonil.

"¡Déjenla en paz! ¿Porque la molestan?" grita Jesús (14.6). En Marcos, son las mujeres quienes pueden actuar como verdaderas líderes, porque ellas abrazan el Camino de la cruz y el servicio. Esto da vergüenza a la iglesia patriarcal, la cual ha "metido en líos" a las mujeres ya por mucho tiempo. "¡En cualquier parte del mundo donde se anuncie las buenas nuevas, se contará también, en memoria de esta mujer, lo que ella hizo!" (14.9) Además, este extraordinario elogio a la mujer llega a ser una instrucción sin ambigüedades que ubica la lucha contra el patriarcado al corazón del mensaje de la iglesia. Sin embargo, la iglesia, pasada y presente, ha dejado inadvertida tal instrucción.

Leer Marcos 14.10-25

Ahora las autoridades toman la decisión de emprender una investigación "encubierta". Reclutan a Judas como un infiltrado (14.10s). La única manera de hacer comprensible tal estrategia por parte de las autoridades es suponer que la comunidad del discipulado se ha escondido. Y sí, parece que Jesús ha buscado un escondite, respondiendo a la campaña en su contra, a la cual se hizo alusión en el versículo 14.1. Esta es precisamente la impresión que nos dan las instrucciones tan elaboradas que Jesús da a sus discípulos en 14.12-16. Un hombre (el cual se identifica entre la multitud como él que lleva agua, algo que por lo normal era un oficio de mujeres) guía a la comunidad fugitiva por las calles de la ciudad hacia una "casa segura", a la cual entran con una "contraseña" (14.13s). Será allí, en el aposento alto, donde en verdad van a celebrar la fiesta de la Pascua como "los que están huyendo" (Ex 12.11).

Desde el inicio este "banquete" está cargado de ansiedad, cuando Jesús anuncia que él está consciente de la infiltración (14.18). Él subraya el abuso de confianza con una alusión al lamento del Salmo 41.9. La comunidad responde dudando de sí misma, y empieza a deshacerse (14.19). Jesús sólo revela que el traidor es "uno de los doce", pero su condenación nos sirve para acordarnos de una manera sobria del costo de la traición (14.20s, ver 8.34).

A pesar de todo, Jesús reafirma su solidaridad con sus compañeros, y parte el pan con ellos (14.22s). El extraordinario significado de esta cena ceremonial se encuentra en la interpretación por parte de Jesús, la cual él ofrece en vez de la tradicional homilía de la Pascua. Aplica los elementos de la comida de una manera atrevida, ya no a la historia del éxodo, sino a sí mismo. Él es el "cordero pascual" (Ex 12), quien renueva la "sangre del pacto" por medio de su muerte (Ex 24.8).
Este banquete reinterpreta el rito central de la nación en términos de dar su vida a favor del pueblo. En lugar del sacrificio oficial en el Templo, Jesús ofrece su "cuerpo", es decir, su práctica en la vida y la muerte. Esto implica que la oposición Templo/cuerpo va a hacerse explícita en la narrativa de la crucifixión de Jesús (ver cap. 24). Por último, Jesús anuncia que el banquete se ha convertido en un ayuno, hasta que la justicia prevalezca (14.25; ver 2.21s).

El cuadro que Marcos nos pinta de la Última Cena tiene significado no sólo por lo que nos cuenta, sino también por lo que omite. La "institución" de la Santa Cena incluye las palabras, "Hagan esto en memoria de mí" (1 Cor 11.24s; Lucas 22.19), pero aquí Marcos no las cita, habiéndolas ya usado en su elogio de la mujer quien le había ungido ("en memoria de ella"). En vez de conmemorar a Jesús con estas palabras, Marcos nos quiere recordar la práctica del discipulado.

Jesús, quien nos exhorta a "acordarnos de" las comidas en el desierto (8.18), aquí en la Última Cena "bendice y parte" el pan, tal como lo hizo entre los pobres en el desierto (6.41). También, en el momento de presentar la copa, la cual Marcos emplea como un símbolo del sufrimiento en manos de las potestades, se invoca la "memoria" de la unción real "como si fuera para el entierro" por parte de la mujer (ver 10.39; 14.36). Así, en Marcos el momento eucarístico tiene que ver con recordar, no tanto un pasado místico sino la práctica continua del discipulado.

Capítulo 22

Orar y mantenerse despierto
Marcos 14.26-52

El texto en su contexto

Leer Marcos 14.26-42

La presencia de Jesús en el Monte de los Olivos anteriormente señalaba el inicio de una marcha dramática (11.1) y de un sermón dramático (13.3). Sin embargo, ahora su presencia allí señala una serie de deserciones que va creciendo (14.26). Mientras que la trágica trama de la historia de Marcos se acerca a su punto culminante, Jesús se dirige a sus discípulos y les declara: "Todos ustedes me abandonarán." (14.27)

Una vez más Jesús apela a la parábola del pastor en Zacarías (Zac 13.7; ver Marcos 6.34). En este oráculo el profeta, desesperado por el liderazgo corrupto ejercido en Israel "que mercadean las ovejas", se convierte él mismo en el pastor de "las ovejas que los mercaderes habían destinado al matadero." (Zac 11.7) Pero como contrapunto ante tal noticia tan deprimente, Jesús asegura a sus seguidores que el colapso de la comunidad del discipulado no será el fin de la historia del discipulado (Marcos 14.28; ver 16.7). En este momento, el cual anuncia la sorprendente conclusión del evangelio, es posible que Marcos tuviera en cuenta la parábola del pastor en Ezequiel. Esta parábola habla no sólo de dispersar el rebaño sino también de volver a unirlo.

> Como un pastor que cuida de sus ovejas cuando están dispersas, así me ocuparé de mis ovejas y las rescataré de todos los lugares donde...se hayan dispersado...Buscaré a las ovejas perdidas, recogeré a las extraviadas, vendaré a las que están heridas y fortaleceré a las débiles, pero exterminaré a las ovejas gordas y robustas. Yo las pastorearé con justicia. (Ez 34.12, 16)

Como ya nos acostumbramos a suponer, Pedro refuta de una vez el realismo de Jesús acerca de su destino (14.29). Pero, a pesar de la certeza de Pedro que él será la excepción al abandono, Jesús responde que él, más que todos los otros, va a caracterizar la deserción (14.30). La comunidad entera hace eco vehemente de la protesta de Pedro; dicen que permanecerán fieles, algo que muestra que todos tienen complicidad en la auto-ilusión.

Sorprendentemente, una vez más Jesús pide a su círculo íntimo que estén en solidaridad mientras que él se retira para orar (14.32s). La agitación interior de Jesús (14.34) alude a la angustia de Jonás, algo que nos recuerda que la voluntad de Dios es que aún los que "no distinguen su derecha de su izquierda" sean redimidos (ver Jonás 4.9-

11). Ahora se revela que la "copa" se refiere al Camino de la cruz (14.25; ver 10.38s). Jesús enfrenta tal copa, no con una contemplación desapasionada, sino con un terror muy humano y muy auténtico. No hay nada de pintoresco en el martirio.

Aunque profundamente sacudido, Jesús nos demuestra la verdadera oración, la cual nos lleva al corazón del planteamiento teológico de Marcos. Para Dios todo es posible, pero la primera preocupación de la oración no es remediar una pena personal sino buscar a Aquel cuya voluntad es sanar nuestra historia tan quebrada (14.36).

Jesús comparte nuestro deseo humano de que la voluntad de Dios sea cumplida sin que haya ningún costo para nosotros (14.36), pero también entiende que este deseo se hace "la gran tentación" (14.37). Por eso, exhorta a sus seguidores a "velar" (14.34, 38). Se acerca la "hora" de la cual habló en su parábola apocalíptica (ver 13.32-37). ¿Pueden quedarse despiertos sus discípulos? Pues, no, algo que Marcos subraya con las tres veces que se duermen (14.37, 40s). Pedro, quien unos momentos antes estaba jactándose de su coraje, ni tiene "la fuerza suficiente para mantenerse despierto una hora" (ver 1.13; 9.18). Así, llega la "hora" y sólo Jesús, orando en el corazón de la oscuridad, puede evocar el coraje necesario para andar por el Camino de la cruz.

Leer Marcos 14.43-52

Ahora Jesús se dirige a enfrentar las consecuencias que se han quedado en el fondo desde los inicios de su misión. La dialéctica terrible de la intimidad y la traición, entretejida en toda la narrativa de la Pasión, llega a su punto culminante en el beso de Judas cuando prenden a Jesús (14.45s). El escenario de la detención apesta al olor de la ofensiva exagerada contra disidentes civiles que es tan característica en las operaciones estatales encubiertas. El beso como señal "en código", el ataque de sorpresa en la noche, la escolta fuertemente armada y las instrucciones de tomar medidas que mantendrán la más alta seguridad posible, todos en conjunto implican que las autoridades estaban esperando una resistencia armada (14.43s). Sin embargo, el tono del informe de Marcos no condena a "uno de los que estaban ahí", quien se enfrentó con la policía (14.47), pero sí condena el carácter sórdido de la operación entera, algo que provoca la misma violencia que supuestamente previene.

Jesús reprocha a sus captores por el hecho de que su operación sólo sirve para desenmascarar su debilidad política.

> ¿Acaso soy un bandido, para que vengan con espadas y palos a arrestarme? Día tras día estaba con ustedes, enseñando en el Templo, y no me prendieron. (Marcos 14.48s)

En la narrativa de la Pasión "bandidos" es la primera de varias referencias a la actividad del "bandolerismo social" en el campo de Palestina (ver 15.7). Algunos líderes de los campesinos formaron bandas de guerrillas para acosar a sus opresores coloniales a la manera de Robin Hood o Pancho Villa (ver Horsley). Rutinariamente fueron prendidos y dados a la pena de muerte por los romanos, denunciándolos de "traición" al imperio, y en esta historia ellos compartirán la suerte de Jesús (ver 15.27).

Mientras que le llevan a su juicio, Jesús invoca el radicalismo bíblico de "las escrituras" (14.49; ver 9.12s). Esta será la tercera vez desde la cena que Jesús se acoge al destino bíblico del verdadero profeta; tal vez para Marcos invocar esta "escritura" sirve de contrapunto a la espiral descendiente de eventos (ver 14.21, 27). Esta es la "escritura" que las autoridades no pueden entender y los discípulos no pueden llevar a cabo. Ahora los discípulos se dan cuenta de que Jesús no tiene ninguna intención de abandonar tal escritura, y huyen para salvar su vida (14.50). El rebaño se ha dispersado, y la narrativa del discipulado ha sufrido su colapso. Sin embargo, mientras el lector queda aplastado bajo el peso de tal final deshonroso, Marcos nos cuenta una historia curiosa.

En un comentario parentético, aprendemos sobre un "joven" que huye con los otros discípulos (14.51). Su huída, ya desnudo porque ha dejado atrás su lienzo, simboliza la vergüenza de la comunidad del discipulado. El lienzo va a volver a aparecer como el vestido de entierro de Jesús (ver 15.46 en el griego), y el joven reaparecerá en la tumba vacía de Jesús, ahora plenamente vestido con un manto blanco (ver 16.5). Vamos a ver que esta transformación de ropa, como se dio en la transfiguración de Jesús (9.3ss), representa tanto una promesa como un desafío al lector (ver cap. 25).

Pero, en este momento lo único que sabemos es que todo se ha hecho amargo. La comunidad del discipulado, como tantas veces se ha dado en la historia de la iglesia, ha abandonado a Jesús a la primera vista del conflicto con las autoridades. De nuevo, los sueños de un nuevo orden social se quedan destrozados por la fuerza bruta del poder del estado. Jesús, ahora solo, va a estar de pie ante un tribunal ilegal en donde no hay esperanza de justicia. Allí va a darse su lucha final con los poderes para el alma de la historia.

Capítulo 23

Negar y confesar
Marcos 14.53-15.20

El texto en su contexto

A menudo se ha argumentado que, en Marcos, la narrativa del juicio de Jesús tiene la intención de culpar particularmente al tribunal supremo judío por la muerte de Jesús. Tal interpretación es problemática, no sólo porque se la ha usado para justificar un legado duradero del antisemitismo por parte de cristianos, sino también porque, según criterios literarios e históricos, su validez es sospechosa.

Primero tenemos que explicar por qué Marcos registra que hubo un cambio en los cargos en contra de Jesús; primero la blasfemia (14.64) y después la sedición (15.2). En sus respectivas esferas judiciales ambas podrían ser castigadas con la pena de muerte, pero en la Palestina ocupada, el gobierno judío, como cliente de Roma, no tenía la autoridad de dar la pena de muerte a los criminales. ¿Es que el Sanedrín "explotó" a Pilato para llevar a cabo sus propios fines? Esto ha sido el retrato tradicional, pero no es muy verosímil. Las fuentes extrabíblicas dejan en claro que, de todos los procuradores estacionados en Palestina en la época colonial romana, Poncio Pilato fue uno de los más brutales. Sencillamente no hay ninguna evidencia histórica para sugerir que hubiera sido posible que el liderazgo judío manipulara a Pilato, y mucho menos que las "multitudes" lo manipularan (ver Marcos 15.15).

Al contrario, Pilato era un experto en dividir y conquistar la aristocracia nativa para sus propios fines políticos. Por esto, en su sentido estrictamente histórico, el hecho de que Pilato aprobara la crucifixión de Jesús (ya que la pena de muerte fue reservada por los declarados culpables de insurrección) sólo puede significar que, según su manera de pensar, Jesús representaba una amenaza considerable a la seguridad imperial.

Además, un análisis literario del relato revela que Marcos ha construido un cuidadoso paralelismo entre los dos juicios de Jesús. Cada uno consiste en cuatro aspectos.

	Juicio judío	Juicio romano
1) denuncias falsas que irónicamente encajan	14.58	15.2
2) la doble interrogación	14.60-62	15.2-5
3) el juez que preside, "consulta" y condena	14.63s	15.6-15
4) el escenario final de mofa y tortura	14.65	15.16-20

La función de esta composición paralela no era exonerar al imperio. Más bien, Marcos quería retratar a las autoridades judías y romanas como colaboradoras para condenar a Jesús, a quien percibieron como un enemigo común. De hecho, hay fuertes elementos de parodia política en la manera en que Marcos retrata los procedimientos con un sentido macabramente cómico.

Leer Marcos 14.53-65

La primera parte de la caricatura política de Marcos retrata al tribunal supremo preparando el proceso a favor de un juicio arreglado por medios fraudulentos. El esfuerzo por parte de la "fiscalía" de coordinar el testimonio de perjuradores contratados falla dos veces (14.56, 59). Es obvio que sus acusadores han confundido las declaraciones de Jesús acerca de sí mismo con su discernimiento acerca del futuro del Templo (14.58). Sin embargo, la fabricación de esta denuncia refleja con precisión la preocupación del Sanedrín, ya que la repudiación del Templo-estado por parte de Jesús sí constituía una amenaza al estatus quo que les favorecía. También se anticipa la posterior yuxtaposición que Marcos plantea entre el cuerpo de Jesús y el Templo (ver 15.37s).

Jesús no hace ningún esfuerzo para refutar estas acusaciones porque entiende que este juicio es netamente político; por esto cualquier argumento legal no tendrá efecto. Las dobles interrogaciones en los dos juicios son casi idénticas. Jesús o rehúsa responder o devuelve el sarcasmo del "nombramiento" por parte del fiscal.

> Sacerdote Supremo. "¿No tienes nada que contestar?
> ¿Qué significan estas denuncias en tu contra?"

Jesús. Se quedó callado y no contestó nada.
Sacerdote supremo. "¿Eres el Mesías,
el Hijo del Bendito?"
Jesús. "¡¿Yo soy?!" (14.60ss)

Pilato. "¿Eres tú el rey de los judíos?"
Jesús. "¡¿Tu mismo lo dices?!"
Pilato. "¿No vas a contestar? Mira de cuántas
cosas te están acusando."
Jesús. No contestó nada más.

Sin embargo, en los ojos del Sanedrín, Jesús se condena a sí mismo por su confesión de ser el Hijo del Hombre (14.62). Tal confesión no constituye una defensa sino un ejercicio en la visión bifocal apocalíptica (ver cap. 11). Según la visión de Daniel del tribunal en el cielo, el Hijo del Hombre será el fiscal que denuncia la bestia (ver cap. 11). De hecho, en el transcurso de todo el evangelio de Marcos, el Hijo del Hombre toma la ofensiva, primero contra las autoridades locales (2.10, 28) y por último contra los poderes mismos (13.26). Para apartarse de la denuncia por parte de Jesús, el Sumo Sacerdote plantea la denuncia de blasfemia, una ofensa que acarrea la pena de muerte contra Jesús (14.63s; ver Lv 24.26). Luego se dirige al Sanedrín para asegurar la condena y entrega de Jesús para que lo torturen (14.65). La insistencia por parte de los matones de que su preso "profetice", constituye la suprema ironía, porque Jesús ya ha encarnado la verdad profética y sus consecuencias.

Leer Marcos 14.54, 66-72

Alrededor del primer juicio está la patética actuación de Pedro, cuya negación contrasta con la fiel confesión de

Jesús como Hijo del Hombre. Habiendo logrado entrar en el patio incógnito, Pedro está haciendo el esfuerzo de cumplir su voto de seguir a Jesús "hasta el fin" (14.54; ver 14.29). Se siente su desesperación cuando se para impotente fuera de la sala donde se está procesando a Jesús. Con su mirada fija en el fuego, entorpecido por la conmoción, sin duda siente terror por la aplicación repentina y brutal de la justicia metropolitana.

Luego, de repente, en el preciso momento en que se pronuncia la pena de muerte para Jesús dentro del palacio, afuera sale al descubierto la identidad de Pedro. Es un siervo del sumo sacerdote que le reconoce, sin duda desde encuentros anteriores en los alrededores del Templo (14.66s). Retrocediendo poco a poco hacia el portón, presionado por las lealtades en conflicto, Pedro toma la decisión trascendental de buscar refugio en el mundo de sombras de la negación. "¡...ni sé de qué estás hablando!" (14.68) Pero su acento galileo le traiciona, revelando lo que las sombras vacilantes habían escondido (14.70). Incapaz de seguir a Jesús, tampoco puede adoptar el disfraz de un inocente espectador.

"Y comenzó a echarse maldiciones". (14.71) Arrinconado, Pedro hace el juramento que le desasocia de Jesús. Mientras en el silencio repentino el canto del gallo suena como un fantasma, el alma de Pedro empieza a deshacerse y se rompe en sollozos amargos (14.72). Esta historia, también, es parte de la oscura caricatura política de Marcos, la realización dramática de los avisos de Jesús acerca del trato fáustico de la auto-preservación (8.34).

Leer Marcos 15.1-20

Después de otra consulta, con la participación de la clase gobernante entera ("los sacerdotes principales, los ancianos, los escribas y el concilio entero"), Jesús es entregado al procurador romano (15.1). La tercera parte de la caricatura política de Marcos es su retrato de Pilato, quien identifica correctamente el tema principal: la autoridad política (15.2). Sin embargo, para Pilato, Jesús es meramente el "rey de los judíos", un título distinto del título nacionalista del "rey de Israel". (15.32) El título anterior, que recibían los gobernantes-clientes de Roma, como Herodes, era un recuerdo desdeñoso del hecho de que los judíos no eran soberanos en su propia tierra.

El retrato de Pilato por parte de Marcos es una expresión de la práctica del pragmatismo. En una astuta maniobra de relaciones públicas, la cual tiene el fin de aprovechar el patriotismo de la rebelde multitud para sembrar división entre ellos, Pilato otorga amnistía a un terrorista condenado (Barrabás) para mantener preso a Jesús (15.6-11). Pilato sólo haría tal trato si pensara que Jesús representaba una mayor amenaza política. También es históricamente inconcebible que los judíos hubieran pedido la crucifixión romana para uno de los suyos (15.12s). Aquí Marcos satiriza la tradición romana del Coliseo, que daba a la multitud la opción de escoger entre la vida o la muerte de un gladiador herido (por lo general un prisionero de guerra o un criminal condenado). Las "ovejas sin pastor" (6.34) están atrapadas entre los reclamos revolucionarios de la guerrilla urbana violenta, representada por Barrabás, y los reclamos del galileo que rechaza la violencia.

Las masas vacilantes se hacen personaje central en esta farsa,[1] y son importantes para el mensaje político central del evangelio de Marcos. En el transcurso de unos pocos días, la multitud ha cambiado, de una que "escucha con alegría" las críticas de las élites sacerdotales por parte de Jesús (ver 11.38) a una que está manipulada por las élites y que pide la muerte de Jesús (15.10s). En la parodia del Coliseo, la tragedia es que las masas sucumben una vez más a la voluntad de los que pertenecen a una clase opuesta a ellas: opuesta en su estatus social y en sus intereses políticos (¡y que tienen miedo de ellos! ver 14.2). Es por esto que los gritos de la multitud (15.31s) simultáneamente hacen eco de los lamentos de los demonios en Marcos (ver 3.11; 5.5; 9.26) y los clamores de los oprimidos (ver 9.24; 10.47s; 11.9).

El escenario con las fuerzas de seguridad de Pilato completan la parodia. Visten a Jesús con el manto de un militar romano y una "corona de laurel" de espinas, cosas que simbolizan el militarismo e imperialismo a lo cual él se ha resistido (15.16s). Haciendo burla de la idea de que los judíos fueran capaces de gobernarse a sí mismos, los centuriones hacen de Jesús sujeto de las humillaciones reservadas para los presos políticos (15.18s). Solamente cuando se cansan de sus juegos sádicos ellos se dirigen a llevar a cabo la sentencia de Jesús: la pena de muerte por crucifixión.

---

1 Aquí se refiere a un concepto del análisis narrativo, en que se habla de un "personaje en bloque". Se aplica este concepto a la multitud en el evangelio de Marcos.

Capítulo 24

El fin del mundo
Marcos 15.21-46

El texto en su contexto

Una historia que inició con el anuncio de un Camino por el desierto (1.20), ahora termina en el Camino de la cruz. La cruz, en la época de Marcos, no podía estar más lejos de ser un ícono religioso. Para los sujetos imperiales descontentos, conjuraba el destino que esperaba a los que se atrevieran a desafiar la soberanía del César. Para los civilizados, era una forma de castigo tan inhumana que Cicerón instó a que "se relegará del cuerpo y vida de los ciudadanos romanos". Sin embargo, a Jesús simbolizó el costo del discipulado. En la historia de Marcos, se retrata la crucifixión de Jesús como el gran momento apocalíptico en que se derrocan los poderes y el mundo llega a su fin.

Leer Marcos 15.21-38

Jesús es llevado en marcha hacia el sitio de su ejecución (15.21s), algo que era parte de la gran tradición de la conquista romana. Tal espectáculo funcionaba como un disuasivo a aspirantes a la subversión, y como un agrandamiento de la presencia militar romano. Por lo general, el preso llevaba su propio madero de ejecución, pero probablemente Jesús estaba demasiado débil a causa de la tortura que ya había sufrido. Se recluta a "Simón de Cirene del campo" para obligarle a llevarlo. Esto cierra el círculo de la narrativa de Jerusalén. Jesús entró en la ciudad sagrada rodeado por una multitud triunfal de campesinos (ver 11.8), pero sale de ella acompañado por un solo agricultor. Aquí también hay ironía, porque el primer compañero de Jesús fue otro "Simón" (ver 1.16), pero él ha abandonado a Jesús; por esto tiene que bastar con un desconocido.

Luego de la admonición de Proverbios 31.6, le ofrecen vino a Jesús para amortiguar la agonía, pero rehúsa tomarlo (15.23). La sencilla frase de Marcos, "y le crucificaron", habría evocado en su audiencia imágenes horríficas de la carne clavada en el madero. Reparten su ropa entre ellos, algo que constituye la primera de tres alusiones al gran lamento de Salmo 22 (15.24; ver Salmo 22.18). Le clavan en la cruz a la "tercera hora" (la primera de las tres "vigilias" de la cruz en Marcos), y le dejan para asfixiarse bajo el letrero sardónico en que Pilato le identifica como el rey de los judíos (15.25s).

Reunida en el Gólgota está representada toda la gama política de Palestina. A sus dos lados, guerrilleros rebeldes, en las mismas posiciones de "honor" que antes se disputaron los discípulos (15.27; ver 10.37).

Transeúntes, representando la multitud que no tiene compromiso, hacen mofa de él con las acusaciones falsas ante el tribunal (15.29s). Esta es la segunda alusión al Salmo 22 (ver Salmo 22.7s). Hasta los sacerdotes principales y los escribas están presentes, uniéndose al coro de desdén (15.31s). Un centurión romano preside el sórdido escenario, mientras que, desde lejos, unos pocos discípulos, la mayoría mujeres, miran con horror (ver 15.39s).

Cuando se implora a Jesús a "salvarse a sí mismo", se hace con un tono irónico. Aún sus oponentes ahora desean un fin menos odioso para esta tragedia. Su grito lamentoso es la lastimosa culminación de la lucha por la fe en la historia de Marcos. ¡Si Jesús sólo se bajara de la cruz, para que pudiéramos "ver y creer"! (15.32) Sin embargo, es el momento en que nuestra ceguera tendrá las mayores consecuencias, porque el próximo evento requiere verdaderos "ojos para verlo" (ver 4.12; 8.18).

La sed de una intervención a última hora lleva a uno de los espectadores a malinterpretar el último grito sofocado y angustiado de Jesús como una petición desesperada a Elías, el profeta escatológico quien supuestamente iba a rescatar a Israel del juicio (15.34s; ver Malaquías 4.5s). Marcos aclara que esta frase aramea no se refiere a un rescate de Elías, sino que es la tercera alusión al lamento del salmista (Salmo 22.1)

Este es el tercer "momento apocalíptico" en la historia. En el primero, los cielos fueron "rendidos" y la voz de Dios afirmó a Jesús en su bautismo (ver 1.10s). En el segundo, la voz de Dios volvió a afirmar a Jesús, ahora vestido como mártir (ver 9.3-7). En esta tercera vez, no hay una voz del cielo; sólo el silencio de Dios. Sin embargo, Marcos nos da dos "signos". Desde la sexta hasta la novena hora el sol se oscureció (15.33). Esto nos recuerda del tiempo cuando el Dios de Israel oscureció el sol unos tres días sobre el faraón de Egipto para ayudar a Moisés en su lucha contra un orden imperial presidido por Ra, el dios del sol. Pero, aquí el eclipse simboliza la desintegración apocalíptica de todo el orden de dominación cósmica, una desintegración ya prometida por Jesús (13.24s).

Jesús habló tres veces del adviento del Hijo del Hombre; asegurando respectivamente a los discípulos (8.38s), los poderes (13.26s) y al Sumo Sacerdote (14.62) que iban a ver este momento (ver cap. 20). Es claro que Marcos ha reunido estos mismos testigos alrededor de la cruz. Pero, ¿qué "ven" en tal oscuridad cósmica? ¿Será a Jesús denigrado, culminando la historia? ¿O será al Hijo del Hombre revelado, trayendo el fin a su mundo, es decir, el mundo que presiden los poderes?

Para ayudarnos, Marcos narra un segundo "signo". Mientras el cuerpo de Jesús expira con un gran ruido de muerte, nos informa que la cortina del Templo "se rasgó en dos" (15.37s). Esta cortina rasgada confirma el conflicto fundamental entre el "cuerpo" de Jesús (el símbolo de la comunidad del discipulado; 14.22) y el "santuario hecho por manos humanas" (el sistema legal-cultico-político de opresión), a lo cual sus oponentes habían testificado sin saberlo (ver 14.58). Aún en su muerte Jesús ha subvertido el Templo-estado. La "casa del hombre fuerte" (3.27) ha sido saqueada, si tenemos ojos para verlo.

Leer Marcos 15.39-46

Sin embargo, el período inmediatamente después de la muerte no nos provee ninguna evidencia de que se haya dado cualquier cambio. Se nos informa de tres reacciones: la del centurión (15.39), la del miembro del concilio, José, (15.42-46) y la de algunas mujeres seguidoras de Jesús (15.40s, 47). Contrario a la interpretación tradicional, en cuanto a dos de estas tres historias, ¡no se puede afirmar que sean historias del discipulado!

No es posible distinguir entre la declaración del soldado romano y la declaración de los demonios, quienes siempre tratan de controlar a Jesús por medio de "nombrarlo" (ver 1.24, 3.11, 5.7). Después de todo, el centurión no responde como discípulo, sino que sigue en su rol y hace su deber de informar a Pilato acerca de la muerte de Jesús (15.44s). En Marcos, únicamente la voz divina provee un testimonio confiable de Jesús como "Hijo" (1.11; 9.7). Uno tiene que ver las palabras del centurión como la conclusión triunfante de la mofa por parte de los soldados que comenzó en 15.16-20.

La misión de José es rogar que Pilato le entregue el cuerpo, algo que sirve de evidencia del fuerte control que ejercía el procurador en estos eventos (15.43, 45). No se le pide por compasión, sino para que el cadáver no profane el sábado (15.42). Aunque es posible que José estuviera "buscando la soberanía de Dios", es cierto que él era también un "miembro rico del concilio" que condenó a Jesús (15.43). Tampoco sus acciones son las de un discípulo. Apresuradamente envuelve el cadáver de Jesús en los lienzos de la "traición" (ver 14.51). Luego lo tira en una tumba, desdeñando rendir aún las obligaciones más rudimentarias de un entierro judío correcto (15.46). Igual que el centurión, parece que este "mayordomo del sábado" tendrá la última palabra por encima del "Señor del sábado".

De hecho, ¡parece que las autoridades han prevalecido! No fue "Elías" quien bajó a Jesús de la cruz, sino un miembro del Sanedrín. Rodar la piedra sobre la entrada de la tumba simbólicamente cierra la historia (15.46). Jesús está muerto, las potestades se han apoderado de la narrativa, y no se encuentran en ninguna parte los discípulos, excepto unas mujeres.

Ahora las dos Marías y Salomé representan el sustento que salva la narrativa del discipulado. Estas tres mujeres han reemplazado el "círculo primario" masculino de Jacobo, Juan y Pedro, quienes ya no aparecen. Se las da una descripción notable. "Estas mujeres lo habían seguido y atendido cuando estaba en Galilea y, juntas con muchas otras, habían subido con él a Jerusalén." (15.40s) Es decir, desde el principio hasta el fin estas mujeres, a diferencia de los hombres, entendían la vocación del discipulado como servicio. Es por esto que están aquí, "testigos" del terror de la cruz. Pero, están a punto de ser testigos de algo aún más perturbador.

Capítulo 25

El tercer llamado al discipulado
Marcos 15.47-16.8

El texto en su contexto

El primer epílogo interpretativo de Marcos (8.11-21; ver cap. 10) revisó los símbolos de la primera mitad del evangelio, y llegó a su fin con una pregunta planteada al lector. De manera parecida, en el segundo epílogo la narrativa llega a su resolución y deja al lector una interrogativa. ¿Seremos espectadores de este drama? ¿O seremos "espec-actores", los que ven y empiecen a realizar la continuación de la narrativa del discipulado radical en su propia vida?

Leer Marcos 15.47-16.3

Cuando José hace rodar la piedra para cerrar la tumba de Jesús, la narrativa del discipulado también cierra de golpe, algo parecido al golpe que se escucha cuando se cierra el portón de una cárcel. La única salvación que tenemos ahora es la simple indicación de Marcos que las mismas tres mujeres que miraron la crucifixión de Jesús (15.40) también "vieron dónde José lo puso" (15.47). (Entre estas tres se encuentra la María que se supone es la madre de Jesús [ver 6.3], aunque es notable que aquí no se la identifica por nombre, tal vez para conformar este versículo con la enseñanza de 3.31-34.) Es posible que la inversión social más radical en el evangelio de Marcos sea el hecho de que las mujeres, quienes hasta ahora se han quedado en el trasfondo en toda la narrativa, emergen repentinamente como las verdaderas discípulas (15.41).

Sin embargo, por el momento sus acciones son convencionales; cumplen las expectativas sociales normales. Se conoce que, luego de que alguien sufriera la pena de muerte, las cofradías dedicadas a la caridad, formadas por las mujeres en Jerusalén, se hacían cargo de asegurar un entierro correcto. Este es el escenario que se presenta en 16.1-4. Las tres mujeres, para rescatar algo de su dignidad, emprenden la tarea de re-enterrar a Jesús según sus costumbres. José sólo compró lienzos para envolver el cadáver de Jesús, pero las mujeres compran especias para ungirlo de manera apropiada. José sólo tiró el cuerpo en la tumba antes de que llegara el sábado, pero ellas madrugan para llegar a la tumba lo antes posible después del sábado (16.1s).

Como se ha dado en tantos escenarios de los evangelios, la iglesia ha romantizado demasiado este escenario. El acto de demostrar su solidaridad con un disidente político de fama tan notoria hubiera llevado un alto riesgo. De hecho, el acto no constituyó la celebración de un triunfo. Esa madrugada las llevó únicamente el sentido adormecido de hacer su deber de homenajear al difunto, un inconsolable vacío que proviene desde la esperanza aplastada. Parece que estamos en la última etapa cruel del peregrinaje del discipulado en Marcos, un camino que termina en el cementerio de nuestro sueño por un mundo nuevo.

Parece que les será negado con crueldad aún el rito terapéutico de llorar el cadáver de Jesús y dar voz a elogios valientes. La entrada a la tumba está tapada por una piedra que "era muy grande" (16.4). Se detienen repentinamente. Todavía no han logrado su quehacer. A nadie en particular imploran, "¿Quién nos quitará la piedra…?" (16.3) ¿No hay en tal pregunta angustiosa un eco de la tragedia de Sísifo? Esta piedra, que bloquea su camino, pone fin al camino del discipulado sin dar una explicación. ¡Que clausura tan abrupta y amarga a la historia! Sin embargo, hay un escenario más en el evangelio de Marcos, y de este depende la posibilidad de la iglesia cristiana.

Leer Marcos 16.4-6

La deprimente inercia narrativa del juicio y crucifixión de Jesús, la cual culminó con José tapando la tumba con la piedra, ahora empieza a ser puesto a la inversa. "Pero al volver a ver, se dieron cuenta de que la piedra estaba corrida." (16.4) Anteriormente, Marcos ha empleado el verbo traducido "volver a ver" en dos relatos de la curación de ciegos (8.25; 10.51s). Ahora se lo revela como una expresión de la "visión bifocal" que caracteriza la fe apocalíptica (ver cap. 11). Para los del mundo del Templo-estado judío y el colonialismo romano, Jesús es solo otra estadística imperial. Para los que "vuelven a ver", se ha quitado la gran piedra de impedimento.

Pero, ¿cómo? Ni por los músculos humanos ni por la tecnología ni por algún esquema de Prometeo. Aquí el verbo aparece en el tiempo perfecto y la voz pasiva, que es la forma gramatical de la acción divina. Lo que ha hecho rodar esta piedra es la acción de una palanca de otro tipo, con una fuerza más allá de las fronteras de la narrativa y la historia, que tiene el poder para regenerar las dos. Tal intervención viene desde afuera de los límites de la naturaleza o la ley y el orden civil. Viene desde el Único, quien no tiene obligaciones con el estado y sus cosmologías, quien es radicalmente libre, aunque queda atado a nosotros en la Pasión. Marcos continúa el argumento bíblico con los mitos de Sísifo y Prometeo; no hay nada que nosotros podríamos hacer para mover esta piedra. Pero la gracia ya la ha movido a favor de nosotros y nosotras. Sólo necesitamos los ojos para verlo.

Contra toda probabilidad, la tumba ha sido reabierta, y con ella la historia también. De manera tentativa las mujeres se adelantan, sólo para descubrir que ya no es necesario cumplir su noble misión de luto por la muerte de Jesús. Mirando con la luz débil de la cueva, disciernen la figura de un "joven" sentado a solas (16.5). ¿Será aquel el "joven" quien, cuando las autoridades vinieron a capturar a Jesús, huyó junto con todos los otros discípulos, desnudo y avergonzado? (14.51s) Aquí los símbolos apocalípticos proliferan. Este joven misterioso está "sentado a la derecha", el lugar de la verdadera autoridad, la cual los discípulos varones habían codiciado (ver 10.37; 12.36; 14.62). Además, está "vestido con un manto blanco", el atavío de los mártires (9.3; ver Apoc 7.9, 13).

"No se pongan incrédulas," les dijo a las mujeres. "¿Buscan a Jesús de Nazaret, el que fue crucificado?

¡Ha resucitado! No está aquí. Miren el lugar donde lo pusieron." (16.6) Las autoridades pensaban que ya habían enterrado este episodio de pretensiones mesiánicas. Pero era sólo el inicio. Las mujeres dirigen su mirada a todos lados frenéticamente, sus cabezas se agitan, sus corazones se detienen en seco. ¿¡No se pongan incrédulas!? La palabra incredulidad ni empieza a describir su confusión al escuchar estas noticias tan inconcebibles, esta afirmación tan absurda. ¿Será posible que ni el apretón de muerte del verdugo ni el sello imperial haya prevalecido?

Leer Marcos 16.7s

Luego hay una última palabra de este enigmático mensajero. "...vayan a decirles a los discípulos y a Pedro. Él va delante de ustedes a Galilea. Allí lo verán, tal como les dijo." (16.7) Este joven, símbolo de la transformación de la traición (la desnudez) al discipulado (el manto blanco), ha dado el tercer llamado al discipulado (ver 1.17; 8.34). Es una posibilidad que las mujeres no habían anticipado. Tampoco lo hubiera anticipado una persona que leyera esta historia por primera vez.

Nuestras rodillas tiemblan al escuchar esta invitación a volver a tomar el Camino, porque ahora conocemos demasiado bien sus consecuencias. Desde lo profundo de nosotros, desde tal espacio no explorado entre nuestras esperanzas más profundas y nuestros temores más profundos, ruge un maremoto de "temblor y desconcierto" (16.8). Aterrados, salimos corriendo con las mujeres de la tumba como si acabáramos de ver un fantasma. Y así es. Porque allá en la tumba vacía no hay nada más que el fantasma de nuestro discipulado pasado y nuestro discipulado futuro.

Con la primera luz del amanecer de la Pascua, la historia de Marcos termina como empezó.

> "Él va delante de ustedes…" (16.7)
>
> "Yo estoy por enviar a mi mensajero delante de ti, el cual preparará tu camino…" (1.2)

¡Tenemos la promesa de que volveremos a ver a Jesús en Galilea, donde los discípulos recibieron su primer llamado a seguirle! ¡La narrativa es circular!

Este epílogo nos presenta la más peligrosa de las memorias, una memoria viva; y la más subversiva de las historias, una que nunca termina. La tradición de la resurrección de Marcos no ofrece visiones de gloria ni de celebración triunfante. Sólo nos deja con un Dios quien oye nuestros gritos, los gritos que salen de los corazones rotos ante la piedra de impedimento, y con el ejecutado-pero-resucitado-Nazareno, quien nos llama al discipulado tantas veces que sean necesarias.

El tercer llamado se dirige específicamente a las personas cuyo discipulado se perdió en el callejón sin salida de la negación: "vayan a decirles a los discípulos y a Pedro…" (16.7) No hay camino desviado que no pueda ser redimido con nuevos inicios. Es por esto que Dietrich Bonhoeffer insistió que la iglesia tiene que "recuperar el verdadero entendimiento de la relación mutua entre la gracia y el discipulado."

"Y no dijeron nada a nadie, porque tenían miedo." (16.8) ¡Que conclusión más ambigua! Desde la antigüedad tal terminación ha perturbado a los lectores, quienes han dado varios esfuerzos para dar al evangelio un final "más alegre" (resulta manifiesto que estos "finales agregados" no son originales en Marcos). Otros han argumentado que la terminación de Marcos quiere decir que las mujeres también traicionaron su cometido. En tal caso, a fin de cuentas el evangelio terminaría siendo una tragedia. Pero, el miedo no implica la deserción en Marcos. Al contrario, en el transcurso de toda la historia el temor se ha acompañado a los que viajan con Jesús, sea en el peligroso cruce "al otro lado" (4.41; 6.50) o en la marcha fatal a Jerusalén (9.32; 10.32).

La estrategia narrativa de "y no dijeron nada" tiene otra intención. El genio de este final "incompleto", igual que en el caso de un cuadro al cual le falta el toque final, es su exigencia de una respuesta de su público. Marcos no nos deja con una resolución nítida sino con un ultimátum terrible. ¿Quién va a contar estas "buenas nuevas"? Porque ahora no son sólo las mujeres que "saben", nosotros también sabemos. Si queremos que la historia del discipulado siga adelante, no podemos quedarnos como meros espectadores.

¿Responderemos? Si somos honestos, vamos a admitir que la cruz es tan intimidante, y nuestra ceguera tan dominante, que sólo podemos contestar, "¡Creemos; ayúdanos en nuestra poca fe!" (9.24) Estamos en aquel lugar entre el "joven" que huye desnudo y el "joven" en el vestido del martirio. Parece que aún nuestros mejores esfuerzos de ser fieles inevitablemente se hunden. Pero todo esto también es parte de la historia, porque es justo cuando estamos al punto de fallar y de desilusionarnos que la invitación nos viene de nuevo. Esto es cuando nuestro camino del discipulado o verdaderamente termina o verdaderamente comienza.

¡Jesús ha resucitado! Pero, ¿a dónde se ha ido? No está en la tumba (como piensan los romanos) ni está en aquel trono (que las terminaciones agregadas imaginan). Marcos se rehúsa en "mostrárnoslo" a nosotros. Si queremos "ver" a Jesús, también nosotros tenemos que viajar a Galilea. Jesús se ha adelantado a la iglesia. Solamente respondiendo a la invitación del discipulado podemos reunirnos con Él, donde Él ya está: en el Camino.

Bibliografía

Malina, Bruce J. y Richard L. Rohrbaugh. *Los evangelios sinópticos y la cultura mediterránea del siglo I,* traducido por Victor Moría Asencio. Navarra: Verbo Divino, 2002.

Kinsler, Ross y Gloria Kinsler. *El Jubileo bíblico y la lucha por la vida*. Quito: CLAI, 2000.

Gottwald, Norman. *The Hebrew Bible. A Socio-Literary Introduction* [*La Biblia Hebrea. una introducción socio-literaria]*. Minneapolis: Fortress Press, 2008.

Rhea Nemet-Nejat, Karen. *Daily Life in Ancient Mesopotamia* [*La vida diaria en la Antigua Mesopotamia*]. Peabody, MA: Hendrickson, 2002.

Datos biográficos de los colaboradores:

Marie Dennis es Directora de la Oficina de Asuntos Globales de Maryknoll y Co-Presidenta de Pax Christi International. Es autora de varios libros sobre la espiritualidad de la paz y la justicia social.

La *Dra. Cynthia Moe-Lobeda* es profesora en la Facultad de Seattle University y tiene su doctorado en Ética Cristiana de Union Theological Seminary, afiliada con Columbia University.

Joseph Nangle OFM es miembro del Orden Franciscano y vive en Washington, DC, donde ejerce un ministerio pastoral con la comunidad hispana de la Parroquia Our Lady Queen of Peace en Arlington, Virginia.

Stuart Taylor es pastor de Elkin Presbyterian Church en Elkin, North Carolina. Continúa recibiendo sabiduría y desafío del Evangelio de Marcos como mapa para su viaje de discipulado.

www.ingramcontent.com/pod-product-compliance
Lightning Source LLC
LaVergne TN
LVHW050621100826
845148LV00011B/1684